Le nez rouge

« … l'hymne de cette union de l'homme et de la femme au plus profond de leur chair, union du ciel et de la terre, danse de la vie et de la mort éternelle comme le printemps. »

Maurice Béjart

GERARD BAKER

****

Ma femme est décidée.

Les dernières vacances en famille et comme à son habitude, Jean-Claude, le propriétaire de la maison que nous louions, ces dernières années, nous reçoit… Sa bonhomie, son côté lamantin et son air serein, tout est rassurant dans la démarche de ce viticulteur à la retraite et cela m'enchante de suite. Il nous questionne lentement avec l'accent méditerranéen qui le caractérise :

– Vous avez voyagé la nuit ?

Rien qu'à l'entendre, on ressent rapidement, sortir de soi, une quantité énorme de stress emmagasinés pendant toute l'année. On renifle l'air marin aux effluves de thym, de romarin, de marjolaine, de belle-de-nuit, de figues de Marseille et de cols de Signora, de cistes noires, des parfums changeants et odorants voguant au gré du vent… Malgré l'exode nocturne, j'éprouve de nouveaux rejaillissements énergétiques.

Jo a bien dormi pendant le trajet. Moi, je me suis patiemment battu, toute la nuit contre le sommeil et les phares blancs, les douleurs dorsales et ventrales, les ralentissements et les dépassements scabreux.

Gus a roupillé pendant notre parcours nocturne.

Depuis plusieurs années, nous louons un appartement dans cette maison de maître. Il se situe au-dessus de la cave à vins : les émanations aromatiques de la fin de la dernière récolte nous parviennent à travers le plancher, flattant mes fentes olfactives…

On file au supermarché de Port la nouvelle, on remplit le caddie : les denrées nécessaires pour les joutes estivales, pour mieux apprécier les longs moments de plage à dorer au soleil.

Le passage à la caisse : c'est la queue, la vraie avec une heure d'attente. Une étincelle, des mots…

Jo, ma chère épouse, s'emballe contre moi. Elle lâche les chevaux, elle qui est si introvertie, si calme, elle hausse le ton et son regard en dit long sur sa façon de penser, son irritation. Je pense qu'elle est exténuée : il est temps pour elle de se reposer… Je veux être paternel, mais je reste pantois, décontenancé devant cette colère.

Depuis longtemps, je savais qu'elle m'avait trompé. Ce coup de canif dans le « contrat », je lui avais pardonné, vraiment beau joueur et, porteur d'un passé peu reluisant. Elle avait souvent fermé les yeux sur mes sorties nocturnes et rocambolesques et puis je l'aimais…

Vingt-deux printemps ensemble çà forgent un couple. La cinquantaine passée, on réfléchit, on reste assis dans son bien-être, son confort de français, en essayant de ne rien bousculer et je pensais déjà aux vieux jours, la retraite dans un coin de ciel bleu et sans vague et mer agitée…

Pensez-vous ! Dans ce petit village de la campagne lorraine, dans cette rue montante, abrupte, pittoresque, huit divorces et séparations ont été prononcés et pas nous. Que diable !

Mais, çà, donne des idées… les circonstances sont propices à un divorce.

À ce moment-là, je ne sais pas que je danserais à nouveau, mais sans ma femme.

Après les courses, direction vers cette plage immense et large où le sable s'étale comme un grand manteau beige clair et soyeux de Port la nouvelle jusqu'à la falaise Franqui interrompue par une martingale « le rouet », sorte de digue en bois. Cette plage est encore protégée contre l'assaut des promoteurs bien indifférent de savoir si la nature y a un droit de vie. Pendant l'hiver, le grand banc de sable se recouvre par les spasmes écumants de la mer. Seul, un liseré de sable reste accroché aux vagues de l'océan par temps calme.

Balayés par les quatre vents, cet espace est reconquis par les estivants dès le début de l'été et en juin les premiers baigneurs autorisés à se promener nus font leurs apparitions. Une partie de la plage est réservée aux nudistes.

J'aimais cet endroit. Le fait de me balader le cul à l'air et cela sans complexe me donnait cette sensation de liberté, celle de me retrouver au stade primaire devant Dieu et devant l'humanité…

Je sentais mes forces me revenir en quelques jours, les tracas et le stress du boulot s'évanouissaient rapidement. Ma femme et moi, nous n'étions pas préparés, à ce genre d'existence éphémère et particulière pendant nos vacances.

Tout a commencé lorsqu'un matin, nous nous sommes retrouvés encerclés par les nudistes et que Jo décida, sans tambour ni trompette, de se dénuder au milieu de ces adeptes de la gymnique.

« J'ai l'impression que je serais moins déshabillée du regard ! » Me dit-elle en retirant son slip d'un geste vif mais avec pudeur en se cachant à l'aide de sa serviette éponge.

Un grand pas libérant son enveloppe charnelle, je la suivis dans la démarche… Nous étions complices de la tête aux pieds.

L'implantation, d'une grande pancarte autorisant la pratique du naturiste, n'exclut pas la présence d'autres baigneurs et touristes de tous genres.

Et les voyeurs me direz-vous ?

Ceux-là ne manquent pas, parmi cette population de vacanciers en mal de soleil et de farniente, ils viennent de tous les horizons planétaires frétillants comme des ablettes dans un seau d'eau.

Le père de famille flanqué de « bobonne » et des mioches criards et pleurnicheurs, lanceurs de boulettes de sable et d'eau. L'homme est souvent en maillot du genre Marcel et en short en nylon. elle est en maillot de bain délavé, ficelée comme un gros saucisson, elle est affalée telle une baleine échouée sur ce grand bac de sable entre les sachets plastiques et les bric-à-brac de biberons, sucettes, bouées, lunettes de plongée, palmes, restes de gâteau, serviettes, etc.

Les commentaires paillards vont bon train. Avec son bronzage de cultivateur marqué aux épaules par le port régulier du Marcel, il se démène pour trouver la meilleure position afin de mieux entrevoir les toisons de vulves ensablées s'offrant à son regard caché sous des lunettes à miroir ;

Le célibataire, lui, il ne sait pas où se mettre. Alors il tourne en rond à la recherche sa victime, la serviette sur le bras ou sur l'épaule. Il repère un endroit, il attend le moment propice pour s'y rendre, furtivement. Une personne est allongée sur le dos, gracile, somnolente, qu'elle soit seule ou accompagnée, elle devient la cible à zieuter. Qu'importe, il pose lentement sa serviette sur le sol, regarde si on s'est aperçu de son stratagème, se couche sur le ventre et reluque sans vergogne l'intimité, l'objet du désir de la belle endormie. Mais bien souvent, il ne peut retenir une érection soudaine. Le voyeur est pris à son propre piège, pour lui, la seule solution est de se jeter à l'eau immédiatement… Invariablement, c'est souvent le cas.

L'autochtone, lui, il arrive sur la partie roulante de la plage avec sa voiture, avec le copain, après le tiercé du dimanche. Il lorgne avec le bras pendant à la portière, il roule au pas pour mieux loucher. Mais combien de ces valeureux « capitaines » ont pelleté le sable sous les roues de leur voiture ensevelie jusqu'aux pare-chocs ? Il n'est pas bon de s'aventurer trop près du rivage surtout quand le vent est « marin ». Les vagues remontent et inondent le bord, poussant les plagistes vers des endroits plus secs et plus confortables. Sans compter les accrochages, parce que l'on a oublié de jeter un coup d'œil devant soi et l'on se retrouve dans le coffre arrière de la voiture qui précède.

C'est évident, aucun des nudistes n'éprouve l'envie de secourir ces imprudents héros du dimanche.

On peut penser que seuls les hommes sont vicieux dans l'art du voyeurisme, mais les femmes ne sont pas en reste, jusqu'à preuve du contraire. Elles savent bien en parler de la camelote… mais cela, c'est un autre sujet.

Se balader nu est peut-être un bienfait, une manière de mieux vivre son corps, de gommer ses complexes anatomiques longtemps dissimulés. Cela fait belle lurette que je ne me pose plus la question de savoir, si j'ai une petite bite ou non.

Se promener sur le bord de la plage, les pieds dans l'eau, à poil, le membre mollasson entre les jambes, balançant d'une cuisse à l'autre. On se retient souvent pour éviter qu'aucune érection ne survienne ; la gêne ! Même si les jeux de la plage vous permettent de vous jeter à l'eau, illico.

Sans trop m'exposer, je bronze assez rapidement et ma peau prend un très beau teint méridional. Jo, elle reste des heures à rôtir sur le sable chaud, sans se tremper dans l'eau, à gros efforts d'exposition, en couches successives d'huiles solaires pour obtenir à la fin des vacances une peau mordorée, et ce, malgré les séances d'U.V. prises avant de partir. Dans ses interminables présentations corporelles au soleil, interrompues de mises en position pour mieux capter les rayons ravageurs, il n'est pas bon de la réveiller ou de perturber sa recherche sur une grille de mots croisés ou fléchés. C'est sa principale activité estivale !

Ce matin, BB (Brigitte) et Sergio sont là, inconditionnels de la plage, aux premières loges comme à leur habitude, presque trop ponctuels. On arrête la voiture très loin pour éviter le naufrage, on aperçoit leurs silhouettes en ombres chinoises sur fond de mer étincelante et miroitante, ils s'affairent, préparant leurs rabanes. On les surnomme : Les Carcassonnais, car ils sont de la Cité. Depuis des années, on se fréquente sur les bords de la grande bleue. Sur cette plage et très peu ailleurs. Quelques apéros et quelques bouffes, sinon nous ne savions pas comment ils logeaient à Carcassonne.

Avec un fort accent chaleureux de la Cerdagne,
– Alors ! Aie ! Boubou. Comment vas — tu ? me crie Sergio.
– Çà va bien quand on est là.
– Bien dormi ?
– Comme une cerise !
– Hé ! Comment… dort-elle, une cerise ?
– La queue en l'air !
Tout ce petit monde rit, mais pas elle. Mes plaisanteries, elle en a sa claque et le sujet tombe très mal à propos. Elle savait que la veille, au soir, elle s'était endormie en me tournant le dos. « À l'hôtel des culs tournés », car elle évitait tous les rapports que ce soit, tous les ébats auxquels peuvent prétendre les heureux maris sans mal de sexe…

– Les enfants peuvent entendre, disait-elle.
Cela limite le nombre des galipettes et la durée des étreintes, si l'on veut y rajouter la mauvaise foi caractérisée, alors : « Que reste-t-il de nos amours » ?

Pas grand-chose, du moins, pas suffisant pour en parler ; un fil d'araignée ! Une photo ! Un geste ! Un rien ! Ancrée dans un mutisme, que seul un tremblement de terre pourrait l'en sortir, elle est allongée loin de moi. Je regarde la mer, j'y plonge les pieds, je trouve l'eau froide, le choc thermique entre le liquide et la température extérieure me fait reculer. Pas de trempette ni de vifs éclats ni de rires dans l'eau ! Comme la matinée est très calme, je pousse le bouchon un peu plus loin, sachant que je dérangerais de toute façon.

Je commence par envoyer des petites pincées de sable à droite et à gauche de notre cruciverbiste du moment… les enfants malgré la fraîcheur de l'élément s'ébattent… J'essaie de masquer mon geste en feignant l'abandon après chaque jet.

Elle se retourne sur le dos en me toisant méchamment, je prends ce regard de serpent par-dessus l'épaule sans m'en soucier plus qu'il ne faut et je continue à la taquiner avec désinvolture…

Dans mes mémoires de mari adorable, je ne rappelle pas avoir apporté le bâton pour me faire battre de cette manière ; autant prendre une volée devant tous les camarades à l'école ou à l'armée, et pour l'avoir bien chercher.

Alors comme l'orage d'été, surprenant et détonnant, elle me jette sa colère avec force :

— Il faut que tu arrêtes tes conneries ! Pauvre type ! Fous-moi la paix ! C'est lamentable ton jeu, t'es complètement con, mais alors un vrai con ! Si tu trouves cela génial, tu n'es pas malin ! Tu n'es qu'un beauf ! Tu m'énerves, je ne te demande rien !

Les Carcassonnais en restent surpris et nous regardent l'un après l'autre en se demandant comment j'allais réagir. Moi qui ai toujours la langue bien pendue, je reste muet et mal à l'aise, interdit, je réponds béatement : — Ho ! Mais çà, ne va vraiment pas chez toi, si on ne peut plus rigoler…

Je me rends compte que nous avons beaucoup de difficultés pour revenir à cette relation équivalente et stable, celle des années passées et celle qui faisait notre bonheur. L'édifice s'effrite tout doucement, rongé par l'érosion du temps et des habitudes…

Les sentiments les plus chouettes, les plus sincères mutilés par les jalousies, les tromperies ont subi de graves lésions intérieures et irréversibles, inconsciemment et sournoisement comme dans une maladie ; « une maladie d'amour » qui n'est pas celle que l'on chante, non, mais plutôt celle qui accompagne une dépression métaphysique, lancinante, troublante. Des couples, ont ignoré longtemps que leur paysage idyllique et idéal de leur amour changeait de pôle, sans pour cela se préoccuper de ce qui allait les bouleverser… Bien souvent, les symptômes sont présents, mais pas alarmants. Tout cela dépend de leur contrat élaboré auparavant.

Je reste un peu confiant. Je suis déjà blasé, fatigué et résigné. Tout ce qui pourrait m'arriver, je me sens capable de l'accepter : fataliste peut-être ? . Je profite des vacances comme les autres années, mais je pense que la fragilité s'installe, le cœur n'y est pas…

Elle ne veut plus de douces promenades nocturnes la main dans la main, plus d'échanges intimes sinon quelques rapports matinaux sans goût ni charme, excepté que nos corps sont lisses et veloutés par les embruns iodés. Les autres jours ne sont « secoués » que par les rengaines et les excuses dans le genre : « Je suis fatiguée ! (De moi, sûrement) J'ai mes trucs ! J'ai mal à la tête. La plus terrible de ses excuses et sûrement la plus insoutenable : je ne suis pas Marie, couche-toi là !

Son esprit narcissique s'exprime davantage tous les jours presque sans grand bruit, faisant son travail de sape, liquéfiant mes derniers efforts pour rebâtir une nouvelle entente : c'est un semblant de guerre froide, sans merci.

D'accroc en accroc, de dispute en dispute, ces vacances commencent à peser d'une lourdeur malsaine :

– Tu m'agaces ! Tu n'as rien à foutre d'autre que de me parler de la nature ?

– Tu as grossi et tu ne fais rien de bien !

Et puis c'est le silence.

Elle parle peu, mais à chaque fois ce sont des mots qui font très mal et qui sortent, acérés de sa bouche.

Elle s'échappe, elle n'aide personne, elle sourit avec les gens, mais pas avec moi, elle chante, mais seule, elle fait du vélo, mais pas avec moi (j'ai su après qu'elle allait téléphoner), elle fait les courses, mais sans moi, elle est à côté de moi, mais loin de moi. Et moi, je me prends à me poser des questions : pourquoi ? Où va-t-elle ?

On a failli rompre, mais on ne s'est jamais séparés. On est en vacances, le soleil, la liberté, la plage, les soirées avec les amis, les barbecues géants et les cornets de glace. C'est la première fois qu'elle est teinte en blonde (fausse jusqu'aux cheveux !) Les photos de famille, il y en a très peu de prises et de développées cette année.

Bon, je ne doute pas que cette rentrée sera difficile…
Le retour au bercail, la reprise du travail, le bruit des machines, le bureau à l'étage, les mesquineries, les collègues dégonflés, jaloux, et elle.

Une semaine plus tard, elle me dit en cuisinant une belle marmite de spaghettis :
– Je m'en vais !
– Mais où ? À cette heure…
– Pour de bon, ailleurs…
Je lui demande des explications…
« – Mais, où donc ? Avec qui ? » Des questions qui restent sans réponse
À la télé, on annonce la mort accidentelle de la princesse Lady Di sous un pont à Paris : Le monde est en larmes et moi, je pleure, accablé. J'ai perdu ma princesse aussi.
La semaine suivante, on apprend le décès de sœur Térésa. Jo, ma femme est déjà partie vers une autre destinée, celle de son choix, un homme.

J'ai supporté le coup. Elle ne m'a pas donné d'autres solutions. La retenir ? La laisser partir ? Vivre une galère ou ramer sur un bateau qui coule. Quelle importance ! Alors vogue le bateau avec pavillon noir flottant à tous les vents. Ce jour-là, je suis resté sur le pas de la porte à la regarder descendre cette rue dans sa voiture mauve. Je porte mon nez rouge en plastique de clown et un chapeau noir de mon grand — père. J'ai fait signe comme si elle quittait la scène, le cirque, le spectacle. C'est terminé, le clown ne blague plus, j'ai cessé d'être le pantin, le pitre, le jovial, le rigolo. J'ai claqué la porte et je me suis assis et j'ai crié, pour m'avoir trop tu, trop longtemps. J'ai rangé le nez rouge et le chapeau. J'ai essuyé mon nez morveux, je ne voulais pas porter le chapeau de cette séparation.

Le divorce, la traversée du désert, avec une tentative au suicide sous l'emprise de l'alcool. Puis commence « la chasse aux souris. Les souris ! Un safari particulier, si nous connaissons le comportement de ces petits animaux dans leur société, en captivité ou en laboratoire, je pense qu'il est permis de les comparer aux femmes de notre société par leur façon d'appréhender l'existence...
Ce constat provient de ce parcours « sans réserve » à travers le monde animal dans la savane, dans la faune féminine que j'ai effectuée après l'échec du mariage, si cela en est un ! Celui de notre couple honnête, sans histoire, que nous avions fondé Jo et moi.

D'ailleurs : ne dit-on pas que les gens heureux n'ont pas d'histoire ? (C'est encore à vérifier !)

Dés les tout premiers jours, la solitude s'installe inexorablement comme une chape de béton que l'on coule seau après seau, une lourdeur intolérable et pernicieuse ;

Tout est bien difficile. Le travail avec ceux qui ne sont au courant de rien et ceux qui doutent, car un changement dans le comportement les met en éveil. Le « *qu'en-dira-t-on* » est incontournable et destructeur. Par le poids énorme de la chape, on s'enfonce dans une fange boueuse.

C'est le moment de poser la question : va-t-on rester à l'état de martyr ou de supplicié ou regarder devant soi vers un nouvel avenir, retrouver sa fierté et son honneur ? En ce qui me concerne, j'ai repris le flambeau. Je suis reparti, la cinquantaine bien fleurie, bien décidé à reconquérir la femme, l'âme sœur si l'on peut encore le dire, l'esprit du cœur serait plus juste. Je ne faisais pas d'illusions : l'âge, les abus, le petit bidon « l'avant-centre », tous ces critères désavantageux me limitaient à ne draguer que les femmes très mûres et juteuses…

Mais les contacts sans être navrants étaient désopilants. Les gentillesses, les courbettes, les convenances envers les femmes de mon âge, de la même décennie firent que construire un mur d'incompréhension qui barrait mon objectif et qui s'agrandissait de jour en jour malheureusement ; je ne voyais ni le haut ni les côtés.

Dans les supermarchés, dans la rue, dans le bistrot que je fréquentais, c'est toujours la même déconvenue. Aucun signe apparent ne me permet de croire à une rencontre amoureuse naissante et salvatrice.

Je rentrais souvent bredouille et dépité et je m'enfermais dans le spectre infernal de la solitude.

Je me suis rendu compte que je n'avais pas fait complètement le deuil sur ma vie passée, celle de couple, du moins. Mon fils était souvent présent et nous allions au cinéma et d'autres sorties, je profitais de sa présence pour oublier mes désillusions et mes déboires affectifs, tout en cherchant dans la foule, celle qui pourrait éventuellement devenir ma compagne, celle des vieux jours... À l'automne de ma vie et dans cette fin de siècle.

Je me rends ridicule dans mes approches souterraines et terre à terre, car, je m'entortille minablement dans mes propos comme un adolescent, je fais l'espiègle, mais je suis timoré.

Plusieurs mois de pénitence, de recherche de soi et des leçons apprises sur le tas, ont contribué à ouvrir un chemin de ville en ville, de région en région, de pays en pays, de continent en continent, ce parcours chaotique à travers le monde inexplicable des femmes. C'est au contact de plusieurs d'entre elles que je peux traiter de difficultés existantes à refaire une nouvelle vie de couple. C'est sans prétention aucune que je raconte mon histoire, en quête d'une nouvelle vie de couple. Comme le disait Jean Gabin « *ce que je sais, je le sais, mais je sais que je ne saurais jamais... »*

En accordant à la femme sa part de rêve, nous, les hommes, nous faisons la part des vôtres. Je ne parle pas là, de fantasmes dissimulés ou délibérés, mais de l'entière relation humaine (homme et femme) qui en résulte.

Elle et la bière.

Mon frère et moi nous roulons vers Liège, le temps est splendide, mais frais. Par le Duché de Luxembourg, l'autoroute nous mène vers Bastogne, puis Liège (nom donné à la célèbre course classique cycliste ardennaise), cette grande ville au bord de la Meuse. Les frontières du Benelux sont ouvertes et nous traversons des vallées verdoyantes, des forêts de sapins, prairies d'élevage. Les voitures qui y circulent sont peu nombreuses et leurs automobilistes très prudents.

Au bout de quelques heures, nous arrivons dans la banlieue, nous allons rendre visite à un ami de mon frère, Belge et tenancier d'un bar nocturne : Camille, un pote que le frérot a rencontré en Espagne, il y a huit ans. Il a un cœur énorme. Il nous accueille avec un sourire de contentement non dissimulé. Nous sommes à peine arrivés avec les deux pieds sur le tabouret qu'il nous tire, deux bocks pressions de *Jubiler,* la bière la plus réputée de la province.

Je suis loin de me douter que ce soient là, les premières chopes d'une longue série et que notre camarade excelle dans l'art de servir les boissons locales. Il n'en finit plus jusqu'à l'aurore. Une vraie descente où je freine le plus que je peux, mais le système est réglé comme une horloge à boire. Rien ne m'y oblige, mais tout y contribue : les femmes présentes maintenant culbutent des chopes l'une après l'autre comme de vulgaires citronnades. Elles sont même en avance d'une tournée…

Elles sont quatre. Chacune a son genre. Elles ne sont pas mal du tout physiquement. Le visage et les traits très jeunes.

– C'est la bière qui nous rend si belles et amoureuses !

Alors, pour le sourire et un peu de rires, nous trinquons ensemble et les tournées se suivent. À ma vue, les filles sont de plus en plus jolies ! (l'effet de l'alcool, bien sûr) ! À mesure que la soirée avance, la conversation devient criarde et paillarde ; Francine est l'une d'elles. Elle m'adresse la parole en ouvrant grande la bouche comme s'il s'agissait de me mordre. Elle se lève avec un verre à la main puis elle boit d'un coup sec. C'est un mélange de Blanche (alcool de genièvre) et de Coca-Cola... C'est la plus grande aussi la plus brune avec les cheveux longs ondulés telle une crinière. Les autres commencent à s'affaler sur les chaises et les tables, les fringues en désordre ; les langues commencent à être lourdes et pâteuses. Inke, la plus blonde du lot, ouvre son corsage pour mieux respirer, elle est superbement excitante ; les deux autres s'embrassent gaiement pour éviter un débordement des garçons présents dans le bar, mais elles ne risquent rien : ces gars, ces braves préfèrent voir le cul de leur bouteille de whisky que le cul de ces femmes. Quoique je peux me tromper sur leur façon d'agir... Je désigne le gros lourdaud, avec une gueule de bébé, au coin du bar qui discute de foot depuis le début de la soirée.

– Il accompagne les deux filles, me dit Camille.

– Et leur paye à boire en espérant de pouvoir en tringler une !

– C'est bien çà...

Francine commande une blanche sur mon compte, j'accepte. Elle est encore en forme, une poitrine arrogante pointue prête à percer le tricot qu'elle porte, jean collant marquant une belle paire de fesses. Je n'ose pas la draguer, elle semble inabordable, presque agressive et on a l'impression qu'elle appartient à tout le monde dans ce bistrot. Elle est chez elle. Elle fait ce qu'elle veut, dit merde à qui veut l'entendre. Elle met la musique à toc.

– Je danse toute seule, car les mecs il en profite pour me mettre la main partout et si tu viens pour un slow, mon Coco enlève tes pattes de mes fesses…

Je secoue la tête, je ne veux pas faire quelques pas avec elle, alors, elle change de place, elle m'ignore, elle boit encore, parle fort haut en dénigrant avec véhémence tous les hommes qui n'ont rien dans le froc…

. — Des lavettes ! crie-t-elle.

On est loin dans la nuit et le repas du soir s'est composé de quelques petites assiettes avec de fines tranches de pain et des rondelles de saucisson, maigre pitance devant l'abondance de bières « Jupiler » ; jusqu'à plus soif, entrecoupée par le va-et-vient, la démarche mal assurée vers les toilettes. Personne a priori ne s'étonne. La bière coule, mousse, bulle, pisse à côté de mélanges explosifs de coca et de genièvre. Les gens de la nuit boivent et rotent et l'autre facette moins reluisante est celle des femmes accompagnant les hommes dans leur beuverie. C'est dans ce contexte peu réjouissant que j'ai fait la connaissance de Francine, ma première souris au cœur de lionne.

Le lendemain, Camille nous convie mon frère et moi à une rencontre de basket entre l'équipe locale et celle de Huy. Je me demande comment, il tient encore debout après une nuit pareille, il semble très frais malgré une gueule de bois assortie par une haleine forte, il est présent sur le terrain. On ne peut pas dire que c'est la partie de sa vie, tout n'est que des ratés et des fautes. Il se retrouve rapidement exclu du match sans avoir joué proprement la balle.

La consolation, on se retrouve au bar où l'alcool n'est pas interdit au contraire ; une remise est offerte pour les adhérents de l'association et les prix sont concurrentiels. Je vois au bout de quelques minutes que l'affaire « bière Jupiler » recommence, que Francine remise de la veille est toute douce, tendre même. Elle me frôle de sa poitrine ardente, la souris grignote les amuse-gueules dans ma main, elle cache ses dents de lionne pour des dents de lait.

Elle a un superbe corps moulé dans un jean bleu et corsage d'un bleu plus prononcé. Elle me tient par le bras, se fait douce.

Elle est gentille – Je ne boirais plus quand j'aurais un mec bien.
– Ha ! Bon…
Le clin d'œil et le pouce relevé de Camille me font comprendre que l'affaire est dans le sac…
– Avec France, c'est du tout ou rien ne m'affirme Camille à l'oreille.

Il connaît ma situation et je suis venu en Belgique pour trouver un lien, une rencontre, mais ce n'est pas vraiment son problème. C'est le conseil d'ami, connaisseur de la gent féminine qui l'entoure. Je fais celui qui ne s'intéresse qu'au match de basket, tout en lui assénant :

– Il faut commencer par ne plus boire… Cela serait plus facile…

– Je peux m'arrêter quand je veux… avec de l'affection !

– Aujourd'hui ?

– Oui, un dernier verre. Je pars ! Me suivras-tu, une fois, mon cher homme ? OK ! répond-elle en me plaquant un baiser furtif au coin de la bouche avec un soupir très gourmand.

Elle est belle, sexy, son air de belle manouche, de bohémienne désinvolte, j'ai envie de la prendre dans mes bras, je me retiens au milieu de ce groupe de buveurs invétérés. Je ne suis pas démonstratif, alors je fais de l'esquive, la tension monte d'un cran lorsqu'elle prend l'initiative, elle m'embrasse en pleine bouche devant ses amis enthousiastes qui nous reluquent. Je suis presque rouge de confusion, mais les hommes sont contents et satisfaits.

– Enfin ! Voilà !

– Çà y est ! Tu l'as trouvé ton prince, Francine.

– Hein ! Il est sympa le Français. (C'est moi.)

– Mais c'est bien, elle est gentille, elle a un cœur comme çà ;

– Elle n'a pas eu de chance !

Ils s'expriment à la cantonade et moi, je suis perplexe.

Je n'en reviens pas, elle a un paquet d'amis qui ne lui veulent que du bien, c'est l'idole de cette tribu de joyeux lurons en fête. C'est leur miss et je suis fier d'être accepté par ce petit monde extraordinaire et tapageur ; pas la moindre réflexion désobligeante ni de jalousie apparente. Je suis à la fête et j'y suis convié avec tous les honneurs que demande un homme désabusé comme je le suis : il y a de l'amour et du vin !

On lâche tout le monde et je préviens de mon départ et de mon retour pour demain… Elle a décidé de ne plus boire avec la consigne de la ramener chez elle par le plus court des chemins. Dehors, il fait frais et le brouillard est omniprésent, on prend la rue qui mène vers sa maison en s'embrassant comme de jeunes amoureux. Elle est très attendrissante, elle a changé sa carapace.
Elle est à l'opposé de la personne que j'ai côtoyée, hier au soir, dans le bar à Camille.

Elle m'avoue avoir été amoureuse de moi à l'instant où elle m'aperçut en entrant au bistrot, mais le fait que nous soyons des jumeaux, cela n'a pas été facile de faire connaissance… Qu'elle nous trouve différents, tout cela entre deux baisers excitants et troublants à l'haleine d'une grande fraîcheur dont l'acidité de la bière et les cigarettes non pas réussies à détériorer : un suc magique et doux.

Chemin faisant plus court que prévu, nous nous retrouvons devant la porte d'entrée en bois de chêne. Une maison mitoyenne et au-dessus une loggia, fermée par des rideaux blancs. Tout cela semble rassurant.

– Voici ma maison, ma demeure, ne cherche pas, c'est un peu en désordre, ne regarde pas, « une fois » dans les coins ! J'accumule des objets de toutes les sortes, je fais de la brocante partout dans les villages alentour, j'achète et je revends…

Je suis surpris du capharnaüm qui se trouve dans le couloir traversant la maison pour aller dans la cuisine. Je bute sur des casseroles en ferraille entraînant la chute d'autres objets hétéroclites dans un vacarme de gamelles cassées. Francine me met un doigt sur la bouche, je garde mon sérieux. Dans la cuisine, un chien blanc nous accueille, la queue en battoir ;

– Je l'ai trouvé hier et je cherche le propriétaire…

Dans la cuisine, le même décor de grenier, la machine à laver en piteux état, un lavabo avec un robinet qui rompt le silence de son goutte à goutte. La gazinière a la porte frontale défoncée, rouillée, les feux encombrés de reste de repas, un bahut en laminé éventré et le tout est éclairé par une lampe diffuse. Et à mon grand étonnement, un bidet blanc incongru, mais propre se trouve dans un coin de la pièce ; je me demande, si c'est la salle de bain qui sert de cuisine ou si c'est l'inverse. Pour finir l'état des lieux, si ce n'est pas une niche à chien, quand je mets le pied dans une mare de pisse que le joyeux hôte canin a laissé se former sous lui ; le chien s'y perd aussi ; pour lui, ce sont les W.C. La vaisselle accumulée, l'odeur qui en découle, le chien, les immondices, les amoncellements de chaussures, de lingeries douteuses, c'est un trop ! Cela coupe un peu les moyens pour envisager d'éventuelles étreintes charnelles. Je suis un peu désorganisé. On a souvent besoin d'un décor, sauf pour les détraqués, les scatophiles ou des jeux apollinaires. Bon ! Je me suis engagé, je ne vais pas reculer, ce n'est pas dans mon habitude…
Francine est très décontractée. Finalement après un regard circulaire, elle cache rapidement le maximum de désordre et m'offre une tasse de café que j'accepte malgré moi. Elle devient mélancolique, elle fera sûrement un bout de chemin avec moi avec une retenue   quand   même
— C'est loin, trois heures de voyage pour aller en France !

– Pour moi, ce n'est rien, je lui réponds.
– Bon, on verra la suite… comme dans un murmure

Je bois mon café en regardant de prés le bord de la tasse. Francine est belle, heureusement, çà aide…
Elle a deux filles, la plus grande sort la plus petite, mais elle fume déjà. Elles sont en boîte de nuit.

– Elles vont rentrer tout à l'heure, explique-t-elle, je leur fais confiance, ce n'est pas la première fois.
Tu dors avec moi, tu sais, les mecs, ils ne rentrent pas ici, tu as de la chance.
– Je vais me laver ! Dans le même temps, elle s'assoit sur le bidet en urinant brillamment puis continue ses ablutions sans me parler ni faire attention à moi. C'est comme si je la connaissais depuis plusieurs années. Pas de gêne, pas d'entourloupettes. Je triche en faisant celui qui ne voit rien ou qui ne rate rien du spectacle le plus naturel du monde. Je fais celui qui semble connaître la camelote.
Un peu plus tard, nous gravissons les marches d'un escalier ancien. Elles craquent fortement sous nos pieds et il fait très sombre, je marche sur ce qui me semble être des oripeaux. Elle se déshabille rapidement et je me retrouve dans le lit à côté d'elle sans savoir comment j'y suis parvenu. C'est alors que je vois dans la pénombre, le bordel entassé sur la table de nuit : des papiers, des blisters de médicaments, des mouchoirs, une canette, de l'eau dans un verre, pas de place pour poser ma montre ; la saleté visible sur des rideaux et les draps usés.

Francine ne se rend pas compte de mon désarroi. Elle ne se préoccupe pas de ce que je pense. Je reste tout de même un homme et je commence les préliminaires instinctivement, en me disant « Qu'importe le flacon pourvu que l'on ait l'ivresse ! »

L'envie intérieure de se sentir un homme gigotait en moi. (Depuis ma séparation, je me sentais déprimé et surtout déclinant, en bout de course, abattu, errant la queue basse à la recherche d'une chienne en chaleur.)

On a besoin d'exulter, d'exister dans la tendresse, dans la chair, de jouir profondément, d'assouvir ses pulsions, ses désirs les plus secrets. Je sais et je le pense, à ce moment-là que l'homme peut connaître des difficultés pour assumer sa libido. La moindre contrariété touchant son ego et c'est la défaillance surtout au moment de satisfaire son orgueil de mâle dominateur. Et c'est souvent lors des premières relations sexuelles que se joue cet enjeu primordial, pour la suite des évènements. Si les deux partenaires semblent comblés par le résultat de leurs ébats, la route pour une entente mutuelle est ouverte. Si au contraire, le contact est pénible et peu réjouissant pour la femme, c'est l'échec assuré, car elle ne le comprendra que très rarement en pensant qu'elle ne soit pas désirable. Elle se posera des questions sur sa façon d'attirer les hommes. Sauf si son amant sait remettre du goût et de la teneur dans cette relation assez rapidement ; sinon, elle sortira de cette liaison sans se retourner. L'homme dans tous les rapports hétérosexuels n'a qu'une seule solution : c'est de montrer une relative virilité. Pas forcément la bête de sexe, ni macho, ni agressif, mais doué d'une extrême sensibilité qui aura pour effet de rendre la femme amoureuse et conquise.

Sûr de ce constat qui est sans équivoque, sauf dans les cas particuliers platoniques ou sadomasochistes ou autres perversités décadentes. Je l'embrasse et je lui accorde des caresses les plus recherchées. Je découvre avec émoi les pointes de ses seins. Les auréoles sont fermes, rigides. Couchée sur le dos, elle a les globes qui restent pointés vers le haut. Quand je les prends en pleine main et je commence à les embrasser, je suis étonné de leur contact et de leur dureté. C'est du faux ! Silicon Valley ! me dis-je. Bien au paraître, mais navrant au toucher. Rien de tel qu'une bonne poitrine souple et gonflée de plaisir. Tant pis pour les amateurs de mamelles bidon, cela veut dire qu'ils ne connaissent rien d'autre. Et dire que certains hommes ne veulent que çà : avoir des seins « en poche » dans leurs mains. Gare à la suite, le danger !

– C'est nouveau pour toi ? Les seins refaits ?

– Oui, c'est vrai, c'est une première !

Francine, elle aussi, elle est raide, son beau corps est noué comme du bois, rien de mes gestes et de mes caresses ne réussit à la détendre. Elle accepte à peine de bouger, les muscles tendus. Je veux aller plus loin dans mon entreprise, mais devant cet hermétisme, je me bloque devant ce que je crois être une frigidité temporaire. Je perds de mon ardeur érectile, j'use mes dernières cartouches, pour atteindre le gibier… Aucun son, aucun tressaillement de sa part, elle se ferme comme une palourde. Je me rends compte de sa sécheresse intime.

On dirait que l'on assiste à sa défloraison… l'accomplissement fatal de la vertu outragée. Si, je continue de persévérer dans cette logique, je frôle le viol. Je la prends pour une allumeuse, je crois qu'elle veut se protéger sexuellement ou sentimentalement ; je ne sais plus… devant cette attitude inhibitive, je cherche la faille sensorielle pendant que mes mains et ma bouche essaient de découvrir les zones érogènes propices à une envolée fantastique. Mais, elle reste immobile, comme agacée.

Dans mon fond intérieur, je me mets à réfléchir à la situation. Je comprends tout à coup dans quel état psychologique elle est tombée ; elle n'est pas du tout habituée à ce genre d'introduction. Les caresses raffinées, les bisous savamment et parcimonieusement distribués pour obtenir une montée vers le désir, un frémissement exaltant sont dérisoires. Pour elle, c'est de trop. Pour elle, c'est l'intromission directe sans préparation, le manche dans la cognée, c'est simple.

C'est normal, les amants qui m'ont précédé se comportaient comme de vulgaires soudards moyenâgeux, alors les amoureux transis, les virtuoses de la quéquette, les dégourdis de la braguette avec un peu de culture, Francine, elle ne connaît pas, ce sont des « lavettes ». Elle, les mecs, elle les englobe dans une généralité. « Ils sont bourrés quand ils veulent quelque chose, alors pour satisfaire leurs envies, c'est rapide ; entre l'éjaculation précoce ou celui qui s'endort sur le tas, c'est du kifkif ! » Bon ! Elle m'explique ses histoires amoureuses…
– J'attends les filles… qu'elles rentrent…
– Et quand ?

– Je ne sais pas !

– Leur père sortait et les bières…

– Je comprends... je réponds dans un murmure désolé.

– Les contes de fées, c'était à l'école.

– Et maintenant ? Je tente de faire surface.

Nous parlons et je suis atterré par cette misère affective, cette lente descente aux enfers, ce glissement vers la déchéance.

Elle me sourit avec gentillesse en me masturbant lentement, puis dans une frénésie insoupçonnée comme si elle voulait finir le boulot rondement et vite, elle me tarifie d'un va-et-vient, la main bien serrée sur la hampe de mon pénis en feu, agissant comme une bielle sur un piston ; j'explose presque dans la douleur et dans sa main.

Un orgasme frustrant. Cette belle femme mûre et si désirable, est allongée près de moi, démolie par son passé et les excès, se refuse au coït, n'a plus la force même de croire à un semblant d'amourette et moi malgré mes bonnes intentions libertines, je suis anéanti, moralement.

Nous trouvons le moyen de dormir un peu, réveillé par de joyeux fêtards, des klaxons. Moi, je suis inassouvi et elle a l'oreille tendue au retour de ses filles en ville.

Le matin ténébreux, le froid, le désordre au grand jour, les yeux en cloque, le chien blanc, les traces de la veille…

Les filles, une est mineure, sont encore dehors. On apprendra plus tard, qu'elles ont dormi chez leur père.

.

Francine, c'est « la souris belge dans un grenier » cracra, elle sort de cet endroit pour jouer avec les chats de gouttière ; belle présentation, attirante, désœuvrée, mais qui part à l'aventure, reniflant dans chaque verre, l'absinthe de l'ivresse. Pour oublier les méfaits apportés à son corps, elle court la rue, à la recherche de sensations, d'amis…

Elle veut être reconnue et adulée d'une façon ou d'une autre. Sa silhouette fait le reste, un corps refait, mais c'est un beau corps et de plus coquette, sexy ; elle a de la répartie, elle ne tombe pas dans les pièges. Elle est agressive en paroles et en actes, c'est la maîtresse femme. Dommage, car elle sait que de derrière cette vitrine érotique, se cache une vérité inavouable. Elle est blasée et dans sa recherche vers le nirvana de l'amour, elle est faible devant les verres d'alcool, les cigarettes fumées hâtivement et en grande quantité. Le malheur c'est que les affreux serveurs de breuvages sont des amis inconditionnels et rassurants ; les sentiments et l'envie de faire l'amour, elle a oublié ses émotions, elle les a enterrés !

Un moment, je lui ai proposé de venir vivre en France pour éviter cette promiscuité, mais elle a ri : pas question de la ranger dans une cage, si grande soit-elle !
Entre-nous, pas d'adversité ni de complicité exagérée, non, plutôt une entente et une compréhension loyale convergente pour savoir s'il faut donner suite à un engagement sans mesure…

Camille nous a invités dans un restaurant marocain pour se régaler d'un bon couscous : il paraît que c'est le meilleur que l'on puisse manger à Liège.

Camille me dit solennellement :

– On attend « France », elle vient aussi.

– D'accord, je lui dis.

– Elle est sympathique, c'est comme de la famille, me dit-il.

On boit une bière en attendant. Jamais, de ma vie, je n'ai bu autant de bières Jupiler en si peu de temps. Je me demande avec le recul comment mon estomac que j'ai si fragile a pu consommer tant de liquide sans me faire souffrir d'aigreurs et de maux de toutes sortes. Alors que mes basses pensées se morfondent sur le vase communicant duodénal de mon appareil digestif, Francine fait une entrée fracassante dans l'estaminet :

– Salut les beaux gosses ! Et se dirigeant vers moi, elle me prend dans ses bras et me roule le patin du siècle à m'étouffer de bonheur ; tout enveloppés d'un parfum de musc, les cheveux déployés, le mascara et le fard à joues bien coordonnés donnent de l'éclat à ses yeux d'un noir profond. Elle a troqué le jean pour une robe rouge saillante, un décolleté ajusté à sa poitrine à base de silicone et un perfecto en peau du plus bel effet. Surmontée sur des bottes en cuir noir et brillant, elle tournoie autour de nous comme une danseuse étoile au plus beau jour de gloire.

– Et bien ! Lui dit Camille, tu es de sortie ?

– NON ! Non ! Je suis une femme comme les autres, répond-elle avec sa répartie légendaire et le clin d'œil ravageur.

– Tu es parfaite, lui dis-je. Je pense que la conversation nocturne a porté ses fruits et je me réjouis de mon impact.

– Merci, mon Français adoré ! s'exclame-t-elle avec l'accent fort belge pour accroître la formule.

Comment a-t-elle trouvé des fringues de cette qualité dans ce taudis à l'intérieur de sa maison ? Seule une femme peut créer une telle ambiguïté…

À ce moment-là, je regrette d'avoir sali son image, mon analyse ne tenait plus debout. Je dois revoir ma copie. Les femmes sont munies de ressources incroyables pour séduire et dans le cas, Francine possède tous les atouts naturels (sauf les mammaires) pour faire fondre un collégial, troupeau d'hommes en rut. Je crois qu'un strip-tease de sa part aurait donné moins de charme qu'elle en émane. Je me suis assis sur mon tabouret, plein d'admiration devant le spectacle éblouissant qu'elle nous offre.

Au restaurant, le chef d'établissement en fait la remarque : il ne se souvient pas de l'avoir vu aussi splendide et s'empresse de le lui dire.

– Hé bien ! Vous êtes en beauté, chère madame, avec le ton respectueux du langage maghrébin.

– Assise à côté de moi, elle me prodigue des caresses de dessous de table avec un regard coquin Ensorceleuse, sans équivoque, elle me sourit. Elle promet de se tenir à carreau, de limiter les faiblesses, les écarts, les excès.

Tout le monde est la fête, il fait bon et le soleil est radieux. Les haut-parleurs diffusent une musique douce, un chant berbère. Mais nous allons reprendre le chemin du retour, demain il faudra retravailler, et je suis rempli d'une certaine mélancolie.

– On se reverra bientôt…, me dit Francine

– Je lui dis d'accord ! En l'embrassant sur son museau tout frais.

Le couscous est excellent et Francine freine son envie de boire, elle prend même de l'eau, assurant en riant que le goût « est différent », mais qu'on n'en meurt pas !

Devant tant d'abnégation, je suis subjugué. Ce changement est trop radical pour ressembler à la vérité. Çà, me laisse dans l'interrogation. Hier, elle a essayé. Elle y a repensé le matin. Le fait d'être et de se sentir désirée, cela peut-il transformer le comportement d'une femme à ce point ?

La chasse vient d'être ouverte et à cette question, j'allais avoir une réponse quelques semaines plus tard. Nous nous quittons et échangeons nos numéros de téléphone. Elle m'embrasse fougueusement plusieurs fois, avant de monter dans la voiture… On se retrouvera bientôt…

Sur la route du retour, mon frère jumeau me pose des questions curieuses et indiscrètes. Alors je lui raconte mon aventure amoureuse en évitant les détails croustillants. D'ailleurs, par respect mutuel et pour celui des personnes rencontrées, nous suivons depuis longtemps une ligne de conduite. Surtout dans le domaine du sexe et des jeux, les performances effectuées avec nos partenaires respectives ne sont pas le sujet de conversation le plus abordé entre nous. Dans certains cas extrêmes seulement où le rire a sa place et où le canular désopilant a bien su nous amuser, nous partageons nos délires ; bien sûr, notre ressemblance de purs monozygotes, nous a joué des tours dans le travail et même avec la gent féminine. Quelques fois à notre encontre : lors de notre jeunesse, une belle fille adolescente, que j'avais draguée et embrassée le week-end précédent, croyant nous démystifier, a passé sa soirée à essayer de reconnaître lequel de nous deux était son prince charmant de la semaine d'avant. Ceci, en multipliant une somme incroyable de baisers savoureux gratifiés chacun à notre tour. Cela m'a un peu blessé et déconcerté mon double, mais depuis nous agissons avec prudence. Ne pas se fourvoyer est notre devise que ce soit dans les sentiers (ou dans les greniers) des pérégrinations adultères... malgré cela, nous avons élégamment partagé les délicieuses candeurs de certaines femmes, effaçant en elles, le fantasme inavoué des relations gémellaires. En toute simplicité, on ne se posait pas de question pour savoir si ces dames sortaient enchantées de leur relation, leurs appréciations ou leurs déconvenues.

Sans intérêt majeur pour nous, si ce n'est que le fait d'être nés jumeaux valait bien une expérience ou deux. (Honni, celui qui mal y pense !)
Quand je lui décris ma triste soirée, il est tout de même surpris !

– Je pensais qu'une nana aussi sulfureuse aurait le cul en feu…
– Moi aussi, je lui réponds
– Elle picole et elle fume ! Belle carrosserie, le moteur semble fatigué, murmure-t-il. Bon ! Mais c'est mieux que la solitude…
– Les pare-chocs refaits. Ouais !
– Deuxième ou troisième main, dit-il en rigolant.

Le chemin du retour se fait gaiement, les frontières rapidement traversées. La fatigue de nuits de veille commence à se faire sentir content de rentrer dans mes pénates, dans cette grande maison à l'intérieur coquet et propre, un confort douillet, mais déjà la solitude me pèse.

La chasse est bien maigre malgré les terrains différemment prospectés. Mise à part, Michèle, cette petite bonne femme que j'avais rencontrée dans un dancing, l'un des plus attractifs de la région le vendredi et le samedi soir. Il est situé en pleine nature au milieu de champ de betteraves et de colza, accessible de toutes parts par l'autoroute, ainsi que par une départementale. On y vient pour danser, boire et draguer. Un royaume où se retrouvent en grande majorité des gens seuls à la recherche de compagnies pour un soir, un mois, pour une fin de vie. (Cela arrive couramment.)Les couples se lient et se déchirent dans une ambiance musicale sur les pas du tango, du paso et de slows langoureux.

Michèle est une femme blonde, frisée (mon frère dit de sa coiffure qu'elle portait une choucroute sur la tête) des yeux d'une pureté d'aigue-marine et d'une gentillesse peu commune. Dans l'impression de l'avoir déjà aperçu ou vu de sourire en sourire échangé, je l'ai invitée à danser. Elle a accepté et je suis rentré avec elle. Nous discutons dans sa voiture. Elle m'explique les comportements à adopter dans ce bal… et j'apprends qu'elle a un homme dans sa vie et pour l'instant, il n'est pas envisageable de construire une relation amoureuse, mais le cas échéant d'une certaine amitié. Au fond, ma présence ne lui déplaisait pas, mais que c'est un choix élastique.

« J'arrive dans sa vie trop tôt ou trop tard… elle ne savait pas… »

Puis elle me parle de cet univers de la nuit et de la danse, dans cette boîte où la plupart sont des habitués. Pour garder de la tenue et du respect, il faut se tenir bien droit, ne pas passer d'une femme à l'autre sous les regards de jalouses et inassouvis (ce sont toujours les mêmes, celles qui font le pied de grue) accrochée à la même table réservée de longue date. Elles attendent, patiemment, que la chance leur sourie.

– Si tu ne fais pas attention, tu es vite « grillé » pour les autres, me dit-elle. Si tu sors avec une loutre qui a mauvaise réputation, tu verras que celles qui ont de la classe ne te feront pas de cadeaux.

– Et pourquoi, tu me dis cela ? Je la questionne.

– On voit bien, tu es sans expérience du bizness, que tu cours la gueuse comme un jeune chien.

Tu flaires, la tête baissée.

– Ha ! Bon… je m'étonne de ma façon de faire…

– Oui, les mecs ne se voient pas, mais nous les femmes, on vous observe du coin de l'œil. Cela fait vingt ans que je viens dans cette maison, tu peux comprendre que je sais comment les choses se passent… Odette, Jeannette, Misa ? Elles hantent le milieu depuis longtemps, c'est un peu la famille :
– Il y a rarement des bagarres, les gens se retiennent…

– Prends ton temps pour moi et on verra…
Ce matin là, nous sommes allés chacun de son côté, dormir dans notre lit, dans nos maisons.
La malédiction m'entortillait. Elle s'enroulait autour de moi, me bloquant comme un drap mouillé. Beaucoup de rencontres et aucune ne se termine agréablement dans un lit ou par un simple rapport de tendresse. Plutôt que cela, ma vie était remplie de frustration de toutes sortes, de déconvenues, de lamentables incompréhensions, de désespérantes maladresses. Plus le temps avançait, plus je ressentais un malaise à chaque rencontre. Plus je faisais des avances aux souris de mon cœur, plus je me plantais piteusement et plus j'en ressortais désorienté, déchiré, triste avec un fort vague à l'âme. Le divorce planait dans mon esprit comme une punition mortelle.

Il est probable que les femmes, je ne dirais pas toutes mais, une grande partie de la gent féminine ressentent le déséquilibre moral et affectif qui nous mine. Que par voie de conséquence, elles ne sont pas prêtes à se fourvoyer avec une personne du sexe opposé, qui ne leur propose pas une certaine sécurité sur le plan amoureux et relationnel ! La femme si égoïste soit-elle, si indépendante soit-elle, elle a besoin d'une épaule pour poser sa tête et des bras pour l'entourer. Certainement pas de trimbaler un fardeau inutile et difficile à supporter. Certaines autres le font, avec la condition de retrait (toi chez toi et moi, chez moi) et dans ce cas on se retrouve pour les bonnes choses de la vie... Et un dernier groupe : Les vénales qui ne se jettent dans les bras que de celui qui lui rapportera plus dans sa vie matérielle plutôt que sentimentale. La plus redoutable dans chaque catégorie, sans les classer, se sont les maniaco-dépressives, qui sont à écarter sans regret. Des geignardes, pleurnichardes, mal dans leur peau, des tueuses de consciences par manque de connaissance de l'entendement mâle. Chez mes congénères masculins, certains font les grossistes, prêts à tout donner en belles paroles et en bloc (la bague, la maison, la voiture) pour obtenir les faveurs des femmes intéressées. Çà, marche, mais pas longtemps… après, c'est la rupture vite faite. Il n'y a pas de sentiments vrais ou un peu au début puis c'est l'hallali de ce cerf après une période de rut bien consommée. D'autres, plus timides et plus timorés au charme sucré, avare de discussion et de commentaires scabreux, passent par l'élémentaire avec les mots d'approbation, désuets, du gars qui n'a rien à dire. Ils ont parfois la chance de tomber sur des femmes à qui cela suffit amplement. Les passionnés sont à la recherche du grand amour. Des femmes qui le sont tout aussi à la recherche du prince charmant épris, amoureux. La plupart, les uns comme les autres vont se brûler les ailes à cause d'une jalousie excessive et douloureuse et de sentiments exacerbés. Souvent pour eux, aux feux de l'amour, il ne reste que des cendres d'amitié. Car ils espèrent encore après l'échec ! Enfin, on trouve l'olibrius parfumé au verre d'alcool, le mec de passage au moment d'une fête, avec le canif dans la poche prêt à en mettre un « coup » à celle qui peut assurer et par-dessus le marché à larder un contrat de mariage, en catimini.

Les couples piqués par les flèches de Cupidon dans un rituel immuable viennent danser toutes les semaines. C'est leur sortie hebdomadaire. Des gens charmants et heureux de vivre leur amour sereinement. Certains ont fait connaissance dans cette salle de danse et d'autres y étalent leur talentueuse chorégraphie. En se mêlant à cette population colorée et froufroutante, il est difficile de se faire une sélection, et quand c'est fait, il faut aussi que cette personne soit réceptive à ce choix.

Le plus déroutant, semble-t-il, c'est le moment crucial des courbettes pour formuler une invitation spontanée. Si, c'est oui, avec le sourire, c'est bon signe, mais si c'est non, il faut être bon seigneur. (Se cacher illico des autres prétendantes pour garder une chance de succès futur auprès de celles-ci), mais il est probable sauf surprise exceptionnelle que vous n'aurez jamais l'occasion de guincher avec celle qui a refusé et de la tenir dans vos bras. C'est seulement lors de la danse accouplée que les partenaires peuvent tâter, toucher, caresser ou approcher certains endroits sensoriels du corps de l'autre, dans la limite du respectable naturellement... et plus si affinités. D'abord, les mains, les épaules, la taille et quelques fois le dos et les reins sont visités et sollicités (java). Ainsi, on peut se faire une idée de l'ensemble du sujet et sentir si cette silhouette peut vous convenir idéalement et physiquement. Si en plus, elle est douée pour gambiller, et bien, on est sûr de passer une bonne soirée. Mettre ses mains ou les poser sur cette même personne dans n'importe quel endroit public peut relever de l'outrage, sauf accord de celle-ci évidemment. Nous ne sommes pas des Chikan japonais ! L'amour à sa place partout là où on ne l'attend pas !

Je ne vais pas me noyer dans des sondages aux pourcentages aléatoires ! Ceux-ci sont communément étalés dans les magazines féminins, pour vous décrire dans des tableaux et des diagrammes rocambolesques que dans ce monde vivant et remuant, il existe une formule qui convient à chacun, pour trouver l'homme ou la femme qui correspond... ça va de soi.

Faire des gros titres, pour promulguer et augmenter la vente de ces mensuels, c'est bien tant que des amateurs en recherche de nouveautés psychologiques, les achètent. Mais il ne faut surtout pas croire que les solutions se trouvent dans ces bouquins. L'amour pour son prochain ou sa « prochaine », c'est à l'intérieur de soi qu'il éclot comme une longue trajectoire intime ou comme un coup de foudre. C'est d'une certaine façon, fondamental et essentiel, que ce soit en amour ou en amitié. Dans chaque continent et dans le monde entier, mis à part quelques tribus soumises aux mœurs et aux règles anciennes, l'amour semble sauver les hommes de leur peur de mourir.

Seul devant cette certitude, dans l'attente, l'homme doit se remettre en cause chaque jour, esquiver les tentations douteuses, explorer en gamme, les gestes, les sourires, les mots, les dires, les influences néfastes, les entremetteuses, les genres dévolus. Surtout, il se doit d'observer chaque individualité avec réserve. Il doit se parer de tous ces atours, faire le paon. J'exprime là ma pensée très ordinaire sortant de ma modeste caboche. Que l'on soit hétéro, bi ou homo, je n'ai pas à juger, je fais partie des géniteurs et mon parcours de père est une parfaite école de la vie. Dans les pays occidentaux ou dans les pays dits développés, apparemment aujourd'hui, les générations actuelles mues d'un égoïsme partisan ne se soucient guère du système de reproduction de la race. Les chiffres de la démographie de ces pays reflètent la diminution des naissances. C'est l'effet malthusien.

Il faut rester optimiste encore que le Japon est un des pays où l'on commence à prendre au sérieux cet état de fait. Les pouvoirs publics constatent que la plupart des femmes actives professionnellement ne sont plus d'accord de freiner leur carrière par l'attente d'un évènement majeur : celui d'être une mère et d'élever un enfant. Le régime matriarcal (surtout dans les classes avancées) des années antérieures est enterré par un mouvement et d'autres préoccupations plus capitalistes, publiques que familiales.

La recherche du grand amour existe encore dans cette société française. Mais malheureusement bien souvent contrarié par les exigences des directoires d'entreprises et de holdings financiers qui misent sur la croissance et l'évolution mondiales de leur activité productive. La froideur bétonnée, des cités dortoirs et des quartiers délaissés dans les mégapoles où vivent de troublantes fourmilières humaines en pleine effervescence, finit par démolir les ultimes sentiments inavoués de ceux qui rêvent d'amour. Mais, je pense qu'il y a encore de la place dans les cœurs pour faire vivre un peu de cet amour enfoui.

Mes considérations ont très peu d'importance aux yeux du monde actuel, je ne suis pas publique, mais j'essaie. Les médias n'ont rien à faire de mes constatations ; je vais quand même raconter la suite.

Je me suis beaucoup épuisé à essayer de convaincre Michèle que je pourrais être l'homme le plus doué (à ma connaissance) pour devenir son amant, mais je suis en retard. Même avec des poèmes, des lettres enflammées et la bouteille de champagne ne donnent rien. Elle fait un pas en avant et elle recule aussi vite. Je perds mon temps. Elle me sent coincé. Elle a peur pour sa liberté. Je reste pudique et courtois avec elle. Je prends du recul et je fais semblant de ne plus m'intéresser à elle en partant un week-end en Belgique pour voir si les promesses proférées par Francine un mois auparavant ont été tenues.

Un voyage rapide et une soirée où Francine est absente, il est vrai que je n'ai prévenu personne de mon arrivée ; il est impossible de savoir où elle se trouve et comment elle se porte : les réponses divergent et je me demande si, pour une raison inconnue, tous ces gens ne se sont pas liés contre moi et refusent de se soumettre à mon insolente enquête…

Je la retrouve le lendemain, l'air un peu fatigué et fuyant. Rien de bien étonnant pour moi qui galère lamentablement depuis mon divorce, pour obtenir des faveurs salvatrices de femmes, que je convoite silencieusement. Camille est toujours de la partie avec son ménage qui part en lambeaux. Les tournées au comptoir recommencent, mais j'en escamote quelques-unes pour garder un maximum de lucidité ; Francine, elle remet çà verre après verre, elle n'est pas dans son assiette. Ces deux filles l'accompagnent. À midi, elle mange son repas, mais le soir devant un petit salé parfumé à la crème, elle devient livide et elle se précipite aux toilettes pour vomir. Elle est prête à s'écrouler puis reprend pied. Quand elle en ressort, elle s'excuse avec un langage lourd et pâteux.

 – Va ! Trouve-toi quelqu'un d'autre, je suis incapable de te rendre heureux…

En refermant son manteau et en titubant :

 – Adieu !

– C'est mieux ! Je lui réponds, contraint et résigné.

Elle m'embrasse…

 Puis elle disparaît. Je ne l'ai jamais revue.

J'apprends, un peu plus tard dans la soirée, qu'elle était sortie la veille et qu'elle était rentrée ce matin, bien amochée. J'ai oublié de prendre mon nez rouge et le chapeau, mais est-ce vraiment utile ? Le nez rouge d'ivrogne lui marquera la face et bientôt, elle portera son chapeau de matrone.

J'ai repris ma route, écœuré. Les moyens pour refaire ma vie sentimentale sont bien limités à mon grand désespoir et l'hiver qui approche à pas de géant ne me réconcilie pas avec dame nature qui dans ces moments de tristesse refroidit encore plus mes envies et mes désirs.

Les feuilles mortes font un tapis gris et brun sur la route qui me ramène vers ma maison, c'est le théâtre de la nature en fin d'année ; les gelées sont arrivées et les gens commencent à se barricader devant leur téléviseur, bien calé dans un fauteuil moelleux et confortable. Bienheureux, certains sont bien installés et regardent leur émission préférée ou les drames de l'actualité que vous offre cette copine de tous les jours « Claire Chazal » fidèle aux heures de repas avec sa fraîcheur ou sa froideur, qui vous étale dans son journal, les différentes informations venant du monde entier.

Quand vous vivez tout seul, vous remarquez que c'est la seule femme qui entre chez vous par bout de l'écran et qui vous parle comme si vous étiez en face d'elle, on se sent irrité et en même temps fasciné par cette image de femme de verre. Je suis sûr que dans certains cas, un mot, une phrase vous échappe en allant vers le tube cathodique, mais la réponse vous la recevez de la façon la plus collégiale et la plus impersonnelle qui soit. Cette intrusion acceptée dans votre domicile par le biais d'une télécommande quand la solitude se fait insupportable, c'est le seul lien reçu par écran interposé de l'extérieur.

Agacé, jamais détendu, la télé dérange sauf quand je dors devant et que c'est elle qui me regarde avec son grand œil carré, morne de Cyclope. Mais ce n'est pas un mythe, cette boîte à images multiplie les effets spéciaux afin que vous puissiez y jeter les yeux, ouvrir son canal et votre canal lacrymal qui augmente l'audimat d'une certaine façon. C'est du subliminal, c'est à regarder de loin dans son fauteuil. Mis à part quelques émissions thématiques et Laurent Ruquier. L'invention est noble, mais a mon avis, l'utilisation sera très controversée dans les temps futurs. C'est un meuble qui gigote et qui s'exprime dans une maison de fantôme. Je n'ai pas envie de regarder le bonheur des autres.

De retour de Liège, l'automne a revêtu ces couleurs ocres, grises et noires. Les feuilles mortes virevoltent sur la chaussée mouillée ; je cafarde : encore une fois, il fallait que j'accepte la défaite dans mon combat pour une nouvelle vie amoureuse. Les fêtes de fins d'années promettaient d'être peu prolifiques sur ce plan. C'est normal, les gens préparent avec entrain les agapes de circonstance en famille, le plus souvent.

Je vois la situation. Je ne veux pas me retrouver seul à faire des invitations ;

Là aussi, c'est un échec. Ni Michèle ni Chantal ne sont libres et je passe, les réveillons avec mon frère « à tenir la bougie. Je prends cette infortune avec dérision. Mais j'ai décidé de conduire mes affaires de cœur autrement ; désabusé par Michèle, je la classe sans regret dans mes relations amicales ainsi que Chantal, une petite femme sympathique (nous avons flirté pendant un mois environ.) Elle ne buvait que de l'eau plate avec une rondelle citron. Nous avons beaucoup dansé ensemble et comme elle refusait de passer les réveillons avec moi, je l'ai plaqué un vendredi soir. Je n'allais pas très bien. À cause de l'accumulation de frustrations, de mal en pis, je devenais franchement agressif et peu communicatif. Si bien que le même soir, j'ai laissé tomber Chantal ainsi que Michèle, qui avec sa gentillesse mondaine, mais avec la fermeté qui convient m'a fait comprendre pendant le temps d'une danse, que son copain allait se ramener. Je me suis retrouvé sans cavalière. Jeannine qui attendait depuis le début, de la nuit que je vienne l'inviter, s'était laissé entraîner par un autre prétendant. Il fallait reconnaître que je ne savais pas à quels « seins » me vouer. Et je suis rentré seul avec désespoir et rancœur : la queue entre les jambes, je suis dépitée. Dans ces moments-là, les nuits sont courtes, le réveil difficile et embrumé. J'ai la langue sèche par le tabac et la fumée des autres. Alors, on en veut à toute la société ; les rumeurs du cerveau éclatent en bulles et je deviens nerveux irritable comme un chien porteur de puces, errant et penaud.

Je fais mes courses pour que mon fils ne voie pas les choses désagréables. Dans les assiettes que je compose pour lui avec amour, je prépare ce qui lui plaît le plus ; la viande et les pâtes, les yaourts.
 Je suis constamment à la recherche de cette créature qui bouleverserait ma vie, mais bien souvent ce n'est que rencontre fortuite et éphémère.

C'est vrai : j'ai l'air d'un père et d'un époux heureux. Cela ne se voit pas la gueule d'un divorcé, largué ou pas, mais c'est quand il ouvre la bouche pour s'expliquer sur la famille, il fait bien sentir qu'il manque quelqu'un, dans la discussion. C'est, le mot « nous » est remplacé par le mot « moi » dans les conversations.

Elle est pétante.

La fleur à la boutonnière, les leçons bien apprises, bien retenues, j'ai attendu une semaine pour que les choses redeviennent plus claires dans mon esprit ramolli.

.

Quand je rentre dans le dancing, ce samedi je suis bien décidé à en finir avec cette chasteté ! Cette abstinence obligatoire et néfaste ! J'ai misé sur le paraître et sur l'efficacité du dragueur impertinent, jovial. J'ai choisi un pantalon gris avec une veste noire très à la mode, une chemise violine avec une cravate assortie. Bref une tenue impeccable !

Pour une fois, je sens les regards qui se posent sur moi. Michèle est avec son copain.

Elle me fait remarquer que je suis très chic. Je l'embrasse en lui disant :
– Bonsoooir… avec la voix imitée de Giscard d'Estaing, je réplique, jetant un œil en circonférence à toute l'assistance.
– Merci, tu donneras le nom du magasin à ton mec
…
– C'est les soldes !
– Tu mords ce soir.
– Peut-être… plus encore, ma chère, je rétorque avec le même accent de snobinard
Pendant ce temps, mes yeux parcourent le gratin féminin, j'ai déjà repéré mes proies, je la quitte sans ménagement : je ne danserais pas avec elle, aujourd'hui. Je décide de faire confiance à mon instinct de mâle en détresse, ne pas juger hâtivement, gommer les défauts, m'investir totalement dans le jeu du chat et de la souris. M'assumer en tant qu'homme ; le vrai, avec son charme dévastateur et indéniable. Balayer les scrupules et les peurs de ne pas être à la hauteur.

Quand je repère Françoise, les copines attablées sont toutes aussi charmantes, mais une seule femme même habillée en chienne me suffit. J'aurais invité et fais danser la totalité de ces dames, avec même insolence, la même fougue avec un unique but : prendre la plus facile de ces belles aboyeuses par le collier et qu'elle me suive jusqu'à la niche. Ce qui arriva…

Françoise, une grande blonde, yeux verts, cheveux mi-longs et lunettes (pour ce que l'on en dit) en tailleur gris moucheté, aux talons aiguilles tombe sous le charme. En quelques pas de danse et slow des années soixante, elle laisse faire tendrement Cupidon qui décoche ses ardentes flèches amoureuses…

Elle est de passage. Car depuis neuf mois, elle n'est pas venue à la guinguette, elle sort ce soir pour les amies, sa fille Mélanie est chez son père, ses amies sont toutes solitaires, elles cherchent comme elle — même d'ailleurs ; elle travaille dans le milieu hospitalier.

.

– Non, je ne suis pas infirmière, me dit-elle
– Alors, quoi ?
– Je suis au standard téléphonique et pour m'avoir au bout du fil, c'est direct.
– Et pour t'avoir autrement qu'au standard ?
– Je suis libre mardi.

Le rendez-vous est pris rapidement, on danse la soirée entière, je tiens le morceau avec énergie comme un pitbull tient une branche de bois dans la gueule ; je ne vois que le résultat escompté, je tire des plans, je règle la question des heures, et je me sens soulagé : dans quelques jours, l'irascible problème de libido pourrait trouver sa solution dans les bras de cette femme aussi avide que moi de pouvoir enfin être désirée et aimée. Le point d'orgue de notre rencontre est né du fait que nous avions la même envie, le désir d'exulter dans le corps de l'autre.

À ce stade de l'abstinence, point de défaut ni de remarque désobligeante, pour elle comme pour moi. L'important, c'est que de sortir du carcan, de cette disette pernicieuse, dans cette prospection difficile vers le bonheur, de se dire que tout individu a ce droit le plus primaire et le plus élémentaire d'aimer.

La femme n'est pas plus différente que l'homme au moment de passer à l'acte, elle est capable de fomenter des pulsions similaires, elle est capable de susciter et d'exciter son mécanisme charnel pour assouvir son bien-être sexuel. La moralité n'entre pas en compte par cette débauche vers le plaisir. Il est humain et normal de vivre des instants enchanteurs, l'accouplement étant la finalité de ce parcours hormonal, inexpliqué, du moins, cela est scientifiquement prouvé : les amoureux sont muets quand on leur demande ce qui se passe à l'intérieur d'eux-mêmes. Avant ou après et pendant. Il paraît que certains hommes deviennent momentanément sourds pendant l'acte. Sauf seulement quand les ébats sont guidés et instruits, lors des séances de tournages pornographiques filmées ou des mises en scène établies à la chaîne pour une production de masse !

J'évite ce terrain de « l'art » de la décadence sexuelle où la femme est un objet de convoitise et de plaisir ! Le jeu des souris soumises aux laboureurs de sexe pour de l'argent. Les bons coups tirés sont très rares, très hard ; la mascarade des jeux de l'amour, des jus expulsés en x sont d'autant plus néfastes et navrants que la plupart de ces amateurs de vidéo, du genre « J'ai tout appris en cassettes », quand ils veulent mettre en pratique la pornographie avec leurs partenaires respectifs : c'est le fiasco. Les copies des prouesses sexuelles auxquelles ils s'attendent vont au panier. Aucun de ceux-là ne vient se vanter des échecs. Orgueil mâle ? Mais dans certains couloirs de vestiaires, d'entreprises, de salle de repos et dans les endroits où la femme est présente en majorité, les langues se délient pour un autre usage que des caresses buccales.

La copine peut tout savoir ou tout soupçonner jusqu'aux dimensions de l'engin et de votre façon de vous en servir… La curiosité et la jalousie entrent à part entière dans le caractère des femmes, mais peuvent aussi se fermer à l'amour, désabusé, par le manque de tact et de reconnaissance de leurs maris, partenaire ou concubin pornographe. On peut comprendre que l'amour ne peut pas se réduire à une simple partie de fesses.

Le marivaudage est oublié, bien souvent, on fait l'amour d'abord et ensuite on essaie de s'accorder sur les autres valeurs. Quand le ménage craque alors, c'est :

« — je n'aurais pas dû me laisser aller au début.

– Pourquoi ? Çà n'aurait rien changé !

– Tu avais plus de respect pour moi au début de notre rencontre, maintenant il y a que le cul qui compte avec toi »

C'est bien mon problème avec Françoise, je cours vers elle, comme un sanglier fonce dans un champ irisé de maïs tendre pour la combler dans une saillie sauvage. Une laie en chaleur soumise et acceptée…
Dans les tréfonds d'elle-même, elle voudrait éviter de se donner comme cela, sans contrepartie, mais ses entrailles sont endormies et l'envie de refaire partir la machine à plaisir, de jouir dépasse toutes les interdictions, les inhibitions. Voilà bien trop longtemps, qu'elle n'a pas senti le poids d'un corps d'homme sur son ventre vide ! Sueurs, odeurs, sensations de la peau, des doigts, l'entremêlement des jambes et vibrations intérieures.
C'est le jeu du chat perché et de la souris verte, avec la méconnaissance de l'autre. Les seuls atouts que l'on a, ce sont les connaissances de soi. Le programme s'installe, les états de conscience et les conséquences sont des inconnues, mais au bout de ce pictogramme, l'acte est un objectif pour tous les deux.
Donc, je vais la chercher, à la sortie de son travail, il fait froid, l'hiver annonce sa couleur blanche et noire et on est mardi soir. Pas de complication, elle arrive en jean moulant et la veste fermée aux trois quarts, les cheveux en broussailles malmenés au vent, elle monte dans la voiture comme par habitude. Françoise a les mains gelées, elle me les colle sur mon pantalon le long de la cuisse droite. ;

Quelques mots échangés, des banalités :

– Quel froid !

– On va se réchauffer chez moi, tu es toujours OK ?

– Bien sûr… elle me susurre son approbation, tout en pressant un peu plus la main sur le pantalon.

– Dans un quart d'heure, on y est.

– Je suis patiente… en glissant sur l'accent lorrain.

– C'est bien ! Je réponds évasivement, l'esprit soulagé, de savoir que Françoise prend le temps de voir arriver les évènements, assise confortablement dans le siège du passager.

Pas d'émotion apparente de sa part. Rien qui puisse signifier les prémices d'une angoisse ou d'un tumulte ravissant. Aucun rire nerveux ni de respirations hâtives ne sortent de la bouche de ma passagère nocturne.

« Dans la nuit tous les chats sont gris », je me sens protégé par cette nuit et elle aussi. Comme si tout d'un coup, nous avions, des choses, des défauts, des turpitudes à cacher.

Dans le salon, au confort douillet et chaleureux, le verre d'alcool est rapidement avalé en quelques lampées de chat et de souris avec le bruit de la langue, qui claque légèrement pour calmer la raideur et n'en garder que l'essence alambiquée du fruit. Je la prie de monter à l'étage avec moi ; elle laisse faire le mouvement… entre deux baisers et effleurement de nos corps frémissants.

Pas étonnée d'en arriver là, elle glousse en enlevant ses vêtements comme dans un vestiaire d'hôpital, comme pour prendre le travail. Mais garde les dessous avec assurance, les mimiques en plus, l'air d'avoir froid.

Je suis frustré, c'est à peine si j'ai pu apercevoir ses longues jambes blanches. Campées sous un tronc très court, ceinturé par un soutien — gorge à balconnets rouge, ses petits seins sont en recherche de développement mammaire.

Pour ce coup-ci ce sont des vrais, la chirurgie plastique n'a pas fait son œuvre et çà, baigne dans l'authenticité. Elle s'engouffre sous les draps en enlevant ses lunettes, les yeux grossis par les loupes oculaires se rétrécissent tout à coup et deviennent des yeux de Teutons au regard fuyant et presque strabique, mais ils ont le mérite d'être très vert clair.

La mise en confiance établit mon instinct de mâle retrouvé, elle est en accord avec ses propres dispositions à faire l'amour, le râle d'assouvissement simultané, le basculement vers une nouvelle vie de plaisir. Une galaxie étoilée nous entoure et nous donne à chacun de nous, l'envie d'être enfin heureux et réconciliées avec l'amour, du côté charnel du moins pour ce soir.

Le travail et le temps sont l'ennemi des amants pressés et quelques heures plus tard, je la raccompagne chez elle. Mais déjà une idée nouvelle me trotte dans la tête.

Françoise est rassurée et moi aussi. L'échange est parfaitement convenant, bénéfique, sur le plan organique et sexuel bien entendu… On en redemande pour exulter, jouer avec nos corps. C'est normal, après tant de mois d'abstinence involontaire…
On promet de se revoir assez rapidement pour ne pas refroidir le repas du soir, ce qui en suivra

Françoise avait docilement sans grande expression accepté les caresses et ma fouaille précipitées du premier soir, ponctuées par de brefs halètements aphasiques retenues de sa part ; j'avais mis cela sur le compte du respect pour l'endroit et l'amant qui l'habite. (Jeu de mots ?) Et même après l'amour, il avait fallu que je lui tire les vers du nez pour obtenir des bribes de phrases ; elle semblait peu ouverte aux grandes conversations et aux sujets divers que nous offre la vie quotidienne ainsi que les médias…

Je ne suis pas posé des questions embarrassantes, l'avenir ferait le reste de toute façon…

On se revoit régulièrement chez moi ou chez elle, dans son appartement dans une rue froide sans décor ; des hauts murs gris, des portes-cochères vieillies, une rue ancienne, dans une banlieue de retraités qui guettent derrière des rideaux épais en cotonnades, au moindre mouvement d'un chien ou d'un voisin... Pour monter chez Françoise, un escalier de chêne abrupt aux marches lavées à l'eau de Javel. Le chic des années cinquante, mais désuet et toujours du vieux. La porte d'entrée peinte grossièrement qu'elle tient dans la main quand elle m'attend sur ce palier rétréci ; (c'est dans un de ces moments qu'un jour, je remarque cette main dont les ongles sont rongés à sang, éclatés, grattés. les doigts sont comme des saucisses, des chipolatas).

Je m'arrête à ce constat, en lui suggérant de faire des efforts pour rétablir la situation et de choisir un autre coupe-faim.

Quand on rentre dans le logement, encore une fois, il est facile de s'apercevoir de la tristesse des lieux, la cuisine et les pièces sont colorées de vieux papiers peints aux arabesques datant de la Première Guerre mondiale. Des boiseries défraîchies ancestrales, un plancher couinant, c'est une atmosphère morbide qui sent la poussière réunie des greniers et des caves. Pour finir le côté exigu qui vous rend prisonnier de cette souricière dès que la porte mal peinte est refermée.

Les sanitaires de lilliputiens, la salle de bain dans le même réduit. Par mauvais temps et même les lendemains pluvieux une odeur de rat crevé se mélangeait aux parfums et autres bains moussants, une odeur saumâtre propagée par la non-étanchéité des tuyaux de descentes des eaux pluviales et des égouts.

Malgré mes problèmes de sinus et la difficulté de bien sentir, mes narines réprouvent l'odeur qui s'insinue dans mon cerveau et j'ai du mal accepté le fumet. Comme le phénomène est épisodique, je passe dessus et je continue faire la bonne tête du gars tolérant et convaincu ;

De jour en jour, la relation s'installe et surtout pour ne pas perdre le gain de celle-ci, je propose à ma charmante Françoise, un voyage en Guyane française. En effet dans quelques mois, je vais retrouver mon fils, lui et sa petite famille aux confins de l'Amérique du Sud. (Il est militaire à Cayenne.)

Elle est d'accord et je suis content de ne pas être seul pour cette traversée en outre atlantique. Les préparations vont bon train. Il lui faut un passeport, ensuite ce sont les vaccinations (contre la fièvre jaune, c'est impératif), elle m'ouvre les sanctuaires de l'hôpital : c'est normal dans le standard téléphonique, c'est connu, il suffit d'un coup de fil…

Toutes ces démarches, dans le sens logique, contribuent à une bonne entente et j'oublie sans peine pour le moment les détails odorants, les vieilles choses, les rococos, les poussières volatiles de son appartement en gardant comme objectif dans mon esprit la primeur et la réussite de ce voyage vers les Amériques.

J'ai appris à mes dépens qu'on ne change pas, surtout en avançant dans l'âge, ni le caractère de chacun, ni la façon de se comporter, ni certaines habitudes de s'habiller, de manger, de dormir, en quelque sorte de vivre à chaque instant son quotidien. L'homme et la femme ont un point commun lorsqu'ils se retrouvent seuls face à leur destin de célibataire ou dans le cocooning de la solitude. Des petites manies s'installent sournoisement dans leur existence à leur insu et deviennent des rituels protocolaires, immuables, journaliers ou définitifs. Cela va aux heures de sommeil et de réveil, aux pliages du linge, aux repas pris sur le bout de la table, aux rangements, aux nettoyages, minutieux et excessifs, ou laborieux. Les moins tordus de la corvée gardent jalousement des objets familiers (sorte de talisman). Même pour les je-m'en-foutistes, ils ont leur place, le bordel organisé pour certains et le sérieux régimentaire pour d'autres. Une présentation vestimentaire, un bibelot, un animal de compagnie, d'autres petites choses encore, des phobies matérielles, tout ce qui comble cet insidieux abîme de solitude. Certains recherchent dans la religion un autre idéalisme...

Gare à celui ou à celle qui vaudrait égratigner ou éplucher ce mode de vie.

Françoise n'échappe pas à cette règle aléatoire. Ne rien perdre ! Dans son réfrigérateur, on trouve des morceaux d'oignons, de fromage, d'ails, de citron, de cornichon, de fruits emballés dans un film fraîcheur, des bouts de viande, des rognures, des entames, des os, une casserole de cassoulet, du pâté, du chou. Toutes ces denrées alimentaires y ont entassé et y font légion. Dans la salle de bain et sûrement pour la même raison, on y trouve une étagère remplie de flacons, de pots de crème, de boîtes à moitié vides, de tubes de cosmétique, de vaporisateurs et la parapharmacie… sur le bord de la baignoire, les bains moussants, les parfums, qui ne jouent pas un grand rôle odoriférant atténué qu'il est par des senteurs moins agréables.

Je n'ose pas toucher cet étalage de crainte de tout renverser tant l'exercice est malsain…

 Là aussi, je ferme les yeux, on peut comprendre que pendant des années de disette, la peur de manquer de quelque chose soit entrée rationnellement dans son esprit.

La présence de mon fils pendant certaines journées accentuait cet état de fait. Et comme la vérité sort de la bouche des enfants proverbialement, il me pose des questions et accuse le constat.

– Papa, c'est vieux chez elle !

– Je suis d'accord, mais elle est jeune (plus d'une dizaine d'années nous séparent !)

– Çà pue vraiment bizarre ici !

Je ne réponds pas, je pense qu'il y a des questions en suspens, le voyage en Guyane…

Donc la liaison continue, surtout en ce qui concerne la bagatelle, Françoise est très active et c'est le seul lien qui nous accroche. Les relations de ce genre sont hélas ! Condamnées rapidement à l'échec. Les sentiments étant limités à la hauteur de la ceinture.

Françoise est très passive, sans passion ni exubérance, avec une tête de chien battu, avec une culture générale limitée, pas de charme ni de pouvoir : une femme standardisée au standard, une souris inhospitalière. Rien en dehors du sexe qui puisse m'émouvoir ou que je puisse admirer dans cette femme sans âme, trop simplette...

La chambre où l'on couche n'est pas coquette, poussiéreuse. Sur la table de nuit est posée une lampe avec un abat-jour près d'une photo sous verre.

Elle est sur cette photo en robe : c'est elle. Ce qui m'a poussé un premier soir à lui poser cette question :
– Sur la photo, c'est ta mère ?
– Non, c'est moi, tu ne m'as pas reconnu ?

Je n'ai pas répondu mesurant la gaffe et mon étonnement.
Je déteste cette image, elle est dans cet accoutrement de carnaval et la coupe de cheveux ringarde : une vieille dame… avec un air un peu penché.
Françoise n'a pas changé la photo et ne m'en parle pas. Mais j'ai compris un jour que nous étions devant la télé que ses moyens d'expression ne manquaient pas pour s'affirmer. Le premier « *fruuuit* » se fait entendre au beau milieu du film télévisé pendant une scène d'amour et de sentiment durant la dernière guerre mondiale. Nous avons ri et nous nous sommes regardés.
Et sans se démonter,

– oui, c'est moi, le pet !

    – (…)

– D'ailleurs, c'est naturel, à l'hôpital, c'est la première question que l'on pose après une intervention à un malade : avez-vous des gaz ?

    Je ne réponds pas à cette défense sommaire. Elle marque encore son territoire, pas de bruit de plus qu'il n'en faut…

– Et puis cela arrive, c'est humain ! me dit-elle.

    Mais par la suite, l'incident étant clos, malgré tout, Françoise continue sur la même voie, elle se trouve un talent de pétomane avertie et de pétarade en pet de concerto en si bémol coincé. Elle se laisse aller à des démonstrations tapageuses. Une virtuose du pincement des sphincters et de leurs relâchements. Pour combler le tout, à croire que le gaz évacué doit être hilarant, car à chacun de ses « Fruuuit », elle le ponctue d'un rire vulgaire de hyène, en lui apportant son lot d'autosatisfaction primaire. C'est pour cela que je l'ai surnommée « Fart ! »

Je lui demande de se tenir dans les lieux publics et se retenir en bonne compagnie. Mais, le fait de se contracter ce sont des émanations immondes et pestilentielles qui s'étalent en musique autour de nous. Je regrette pour ma part qu'il n'existe pas de médicaments odoriférants pour soigner le tube digestif humain. Elle se plaît à jouer de l'instrument annulaire telle une embouchure de clairon et elle finit par en rire fièrement. Je la somme d'arrêter ses « Fruuuit » pour éviter les inconvenances, mais la réponse est standard :

    – C'est normal, c'est naturel, humain ! Qui pète bien se porte bien ! Un adage de fond de lit de chambre d'hôpital.

Je dépose les armes un moment, car le voyage vers la Guyane en compagnie, de la blonde pétante, avec un masque à gaz à la ceinture approche et je vois ou plutôt je sens mal cette promiscuité malodorante.

Quant à faire l'amour avec elle, cela tient de sa bonne conduite. Approcher mon visage vers ses parties intimes, tient aussi de la gageure et presque de l'exploit. Heureusement dans la position que je lui fais prendre, les muscles fessiers se referment et rien ne perturbe l'étreinte jusqu'à l'ultime orgasme. Elle me prévient quand elle va jouir et elle jouissait à grands cris. Par moments, je me demande si cette femme n'est vivante qu'à partir des hanches, le tronc et la tête sont comme un protozoaire. La sodomie est pratiquement interdite pour éviter tous les problèmes secondaires, ce serait la priver de son plus bel instrument à cuivre avec ce son particulier et culière.

Fart me promet de rester le cul fermé pendant son séjour en Amérique du Sud. Mais, l'hiver nous quitte avec ses rigueurs et le printemps prend de nouvelles couleurs. Les violettes, les coucous, les pâquerettes, toutes les fleurs exhalent leurs parfums du renouveau de la nature. Les longues promenades en compagnie de ses parents, sur une voie de chemin de fer désaffectée pendant le week-end, dans cette Lorraine où les mines de charbons et de minerais ferment les unes derrière les autres, me font oublier les désagréments et les notes decrescendo en « Fruuuit » que le grand air diffusait dans cet espace verdoyant.

Fart, paradoxalement y ajoutent des commentaires désopilant entre deux « Fruuuit » mélodieux :

– Ici, çà sent-bon ! Les fleurs, les bois, les herbes sauvages, j'aime cet endroit…

De la diversion… quel (tout pet) toupet

Ma devise était de ne pas la contrarier. Cela ne l'empêche pas, quand l'envie se présente, de lâcher quelques boules puantes de sa fabrication parmi les siens où tout paraît être permis et non censurée en ce qui la concerne du moins. Et de guerre lasse aussi…

Les premières chaleurs font leur apparition et hélas ! un autre phénomène vient s'ajouter aux « fruuuit » dans la personnalité volatile de ma compagne. Un peu avant notre séjour outre-Atlantique : les signes avant – coureur des prochaines suées dues au changement de température sont annoncés. Est-ce par manque d'hygiène ou par un dérèglement organique ou par ce qu'à force de la renifler, les traces véhiculant une odeur suspecte sur sa peau, je suis constamment en train de flairer et cela devient une obsession ? Mais là aussi, c'est une mauvaise découverte. Une idée reçue tend à faire penser que les femmes aux pilosités rousses et fauves auraient une propension à dégager plus de senteurs chimiques et aphrodisiaques que les autres. Les phéromones forment un bouquet alchimique exaltant, mais sont plus enivrantes pour certaines créatures animales. Le comportement qui en suit pour les autres congénères est très spécifique.

Fart serait à mon idée une de ces créatures « fruuuitantes » de la famille des mustélidés, mais j'arrête la comparaison à la plus élémentaire des galéjades.

En poussant le vice, elle hausse cette sensation du mal de se faire sentir en portant des pulls en mohair, des vestes chaudes et pantalons cintrés et moulants. Je guette le moment de sa douche comme un voyeur, le seul moyen d'être assuré d'une propreté irréprochable avant de faire l'amour. Malgré des ablutions répétées de Françoise, une angoisse subjective me poursuit.

Chez moi, c'est dans un confort parfait, je ne suis pas dingue du ménage, mais la propreté et la netteté des lieux dégagent des odeurs partagées de musc et de cire d'abeille. Là, je me tranquillise, en espérant que Fart prendra exemple.

Le train vers Paris est bondé, le voyage se passe sans peine quoique des émanations sous culs tannés s'évaporent, de temps en temps. Arrivée à la gare de l'Est ; là, une amie de Fart nous attend, et direction Ozoir-la-Ferrière, demain elle nous ramène vers l'aéroport d'Orly-Sud.

Une soirée sans « Fruuuit », les promesses sont tenues, mais au moment de se coucher pour une nuit reposante, ce sont des bruits, des borborygmes, des bulles et le rire effronté en trémolo de Fart accompagné de gaz rebutant. La colère monte en moi. Mais il faut dormir…

AOM, annonce dans les micros qu'un retard de quatre heures est à observer avant le décollage de l'avion. Dans le sas d'embarquement, l'attente commence et Françoise se tient coite : c'est réconfortant, mais je crains le pire, pendant le trajet. Une pierre dans mon jardin sentimental.

Le trajet se fait sans encombre, sans turbulences et sans fruuuitantes odeurs. À croire que la pressurisation de l'appareil joue un rôle de canalisateur intestinal et que l'arrêt des flatulences est ordonné engendrant pour elle-même une constipation presque immédiate.

Mon soulagement contraste avec celui de Françoise. Des moments respectueux reprennent. Dans mon esprit, elle retrouve le prénom de sa naissance.

Arrivée à Cayenne et malgré une nuit noire et sans lune, la chaleur est lourde et étouffante, les jambes deviennent cotonneuses, la sueur sort, en quelques minutes de l'organisme, en grosses gouttelettes salées, je suis de suite en nage et Françoise est trempée sous les aisselles et le dos. Les embrassades sont humides et chaudes, au dehors du petit aérodrome sans la fraîcheur de la climatisation. Une moiteur océanique nous enveloppe rapidement. Le coefficient d'humidité est très élevé et Françoise a du mal à retenir les flots de sueur qui surgissent sous son maillot imbibé et collant. Elle a le souffle court et haletant. De mon côté, je cherche l'air et une vague impression d'être pesant et lourd.

L'aventure équatoriale ne fait que commencer et mes narines découvrent de nouvelles fragrances exotiques. Ce premier soir, Fart se tient bien, loin de ses compositions musicales du trou de cul majeur et aussi des décompositions fécales fruuuitantes intestinales. Elle a le bon goût (si l'on peut dire) de fermer les écoutilles et de prendre une douche hâtivement, mais la chaleur recolle à la peau presque dans le même temps. Les pores de la peau regorgent de sueur sécrétée excessivement par les glandes sudoripares. Leur fonctionnement est plus ou moins actif chez chacun des individus. Pas de chance pour Françoise qui fait partie du groupe dont les glandes sont en super activité. Les grands ventilateurs brassent l'air de leur hélice géante, mais la température est élevée. En quelques minutes, elle se retrouve dégoulinante et les gouttelettes courent, le long de son visage, sur le nez, le front. L'acclimatation est lente et peut occasionner chez certains individus des bouleversements organiques variés.

Les visites touristiques de cette enclave entre le Surinam et le Brésil sont limitées, mais les paysages de jungles et de forêts sont typiques et nous visitons le zoo de Montsinéry. C'est un moment assez fort avec la présence de l'anaconda, le serpent, le grand du monde, le caïman noir à la mâchoire féroce et dentelée, des oiseaux, des perroquets, des ibis, des toucans et des singes hurleurs ; des tigres agressifs et d'une ménagerie des plus inattendues avec le lent et difficile déplacement du paresseux d'une branche vers une autre branche.

Le village de Cacao, un village où les principaux habitants sont des hmongs arrivés d'Asie et rejetaient par les Français pendant la guerre du Laos à partir de 1975 dans le fond de cette jungle. Ils furent les premiers, à croire à la culture maraîchère et aujourd'hui, eux seuls sont les commerçants de ce marché alimentaire. Ils vendent leurs produits sur les marchés de Cayenne et d'ailleurs. Les mines d'or, les plantations, la plage de Mana où les tortues viennent déposer leurs œufs dans le sable à quelques mètres du rivage de l'océan, un endroit infecté de nuées de moustiques, de redoutables suceurs de sang

Françoise, elle, ne ressent rien des piqûres. Elle s'en vante avec gaieté, comme si ces insectes regrettaient de plonger leur trompe aspirante dans son épiderme et repartaient vers des sources moins répugnantes.

Mais ils laissent derrière eux les traces rougeâtres de leur passage sur la peau de ma compagne surtout sur ses jambes blanches et découvertes.

Les lotions antimoustiques, les crèmes, rien n'y fait, car ces charmantes et agaçantes bestioles trouvent le moyen de piquer sournoisement à travers les tissus des habits.

Malgré une faune et une végétation hostile, on peut se déplacer, de Cayenne à Saint-Jean du Maroni sans aucun souci en passant par Kourou et Iracoubo.

Une visite sur pas de tir de la fusée Ariane et le musée de l'espace et Françoise qui rôtit dans son jus…

Une escale à Saint Jean du Maroni. Les camps de transformations, le bagne, le fleuve. Une ballade pleine d'éclaboussements sur le fleuve et un retour sur Cayenne, la seule route sur le littoral contrôlée par des douaniers français naturellement. Françoise ne sait pas où elle est. La Twingo que l'on a louée le matin même est rouge de terre. Un arrêt chez les Indiens amazoniens abrités sous une paillote ; la caméra que j'ai emportée ne filmera pas, l'interdiction du chef du village est formelle et la distribution de pièces de monnaie aux enfants n'y fera rien et l'on repart.

Le plus déconcertant pour moi, l'organisateur de ce périple équatorial, c'est observer le mutisme grave de ma partenaire, elle ne s'intéresse qu'aux boutiques, aux joailleries étalant leurs pépites d'or de toutes sortes de grosseurs, le reste lui importe peu. On se demande si ce voyage au bout du monde n'est pour elle qu'une petite balade au supermarché du coin ; elle me répond par des « oui » simples, quand je la questionne :

– Cela te plairait d'aller au Brésil ?

– Oui !

– Sur une pirogue à moteur ?

– Oui...

– Tu as vu ces oiseaux et les pêcheurs qui sortent les poissons dans la vase ?

– Oui...

– Tu as faim ?

   – Oui... et le ventre répond pour elle en gargouillis répétés.

– Tu veux goûter aux litchis ?

– Oui, mais je ne tiens pas à mourir ici. Tiens une réponse, comme une envie de vivre.

Je suis dans l'incapacité de créer chez elle, un mouvement de curiosité et de contentement de joie ou d'émerveillement, elle reste avachie et sans ressort sur le siège. La seule chose qu'elle s'est tenue de faire, c'est de cueillir des bananes au bord de la route ; mais aucune initiative, aucune exclamation de joie ou de stupeur ne transparaît dans son comportement. Rien de rien !

Et pour clôturer le tout, une odeur âcre et de persil haché s'installe dans l'habitacle, il est bien tant de rentrer, car de fortes averses de pluie commencent à tomber à grand bruit sur la tôle de la voiture. Ce qui m'oblige à fermer les vitres de la Twingo. Malgré le fonctionnement de la clim. L'odeur devient rapidement insoutenable, mais là encore je tiens bien à l'asphyxie, mais je lui pousse une forte engueulade en conduisant, mais sa réponse ne se résume qu'à un rire extrêmement agaçant.

Mais Fart ne s'arrête pas à mes considérations, à mes remarques, pour elle, cela ne vaut pas une dispute ni un esclandre. Je le pense aussi, mais les débordements de ce genre sont inutiles et un peu de dignité, de respect de soi vis-à-vis des gens qui vous entourent demandent un minimum de déférence. Peu à peu, je m'éloigne d'elle, je n'ai pas envie de lui faire partager mes envies, ni mes soifs de connaître ce pays, de visiter et dés alors, je marche sans vraiment m'occuper sa personne. Les magasins et les boutiques, je ne lui propose même pas, je commence à regarder les femmes autour de moi. Je mate ces beautés noires, métisses, blanches, brésiliennes où d'ailleurs ? Je me pose alors la question même de savoir si elles aussi fruuuitent bruyamment devant leur époux, maris, amis, copains ?

Mais le pire dans l'apothéose de ce voyage va arriver ou les capiteux parfums mélangés de poivre, de safran, de piments et des fruits exotiques ne manquent pas, sous la forme d'une soirée entre amis… La sortie commença comme il se doit par un repas dans un restaurant chinois après un apéro bien arrosé et une envie de s'amuser. Mon fils et des amis nous ont rejoints de concert. Tous ces joyeux compères nous entraînent avec joie dans la nuit de Cayenne lourde et humide, mais l'air est respirable ;

Au menu, salade de l'empereur et bœuf au gingembre, une merveille de la gastronomie ; les petits légumes émincés et bouillis, les épices, j'apprécie et mes amis aussi… c'est délicieux, mais une seule personne a du mal à avaler ces précieux légumes : c'est Fart qui doit se dire que pour les voies intestinales ce n'est pas la bonne nourriture. Elle me regarde avec une espèce d'angoisse non dissimulée.
Je lui dis gentiment que le riz a des vertus et que de ce fait, elle n'a rien à craindre pour la suite ! Le cadre est à la mesure du service, c'est un endroit charmant et fleuri, décoré avec un chic exotique très tendance. C'est la perspective d'une bonne soirée qui s'annonce mais je ne suis pas serein, car Fart se contorsionne sur sa chaise. Je pense qu'elle veut éviter les tonalités burlesques pendant le restaurant. C'est qu'au milieu des fleurs tropicales, des crocus d'orchidées, de jasmin éclatant de toutes les couleurs, cela serait malvenu, inconvenant. De plus, elle a du mal à s'intégrer à la conversation, elle éprouve des difficultés pour trouver sa place, même si les sujets en tout-venant ont de quoi régaler chacun de nous. À mon grand soulagement, le repas se termine gaiement sans fruitescentes…

Mon fils et ses amis nous décidons de faire une nuit blanche dans une boîte de nuit très branchée de la ville de Cayenne, une clientèle triée sur le volet avec présentation de pièce d'identité.

C'est au son et du rythme de la Salsa et du Zouk que nous sommes accueilli, vite les danses s'enchaînent avec les premières sueurs malgré la clim. Les corps se déchaînent ; devant moi, une superbe femme aux formes aguichantes danse avec frénésie, le regard perdu dans une autre planète, la robe juste au corps, son décolleté savoureux est légèrement imprégné de chaude humidité jusqu'aux parties indiscrètes. Elle laisse à qui veut les admirer ses splendeurs ébène, satinées et chocolatées de son anatomie. Son exaltation me réveille des envies intérieures et je reste à observer cette fille au charme envoûtant. Je suis tellement pris par ce spectacle merveilleux que j'en oublie complètement Fart, qui loin de se faire des soucis, est affalée sur une banquette rouge.

Je continue avec une joie dissimulée à jouir de ce spectacle de danse. Loin de faiblir, la sculpturale danseuse continue son incessante démonstration, et je tombe en contemplation, surtout que depuis quelque temps son regard se pose brièvement sur moi avec une drôle mimique, entrouvrant une bouche aux lèvres épaisses et sensuelles sur un sourire des plus remarquables. Je suis subjugué et je me demande un moment, si ce n'est son boulot de faire marcher les mecs jusqu'au bar, histoire de faire ouvrir le portefeuille un peu plus largement.
J'ai du mal à faire la différence, mais je suis surtout séduit par ce corps aux courbes harmonieuses. L'image de ce qu'elle en faisait ouvrait à tous les fantasmes possibles et impossibles.

Je ne sentais pas du tout à la hauteur de cette délirante et érotique inconnue et je pensais que l'homme qui partage sa vie s'il existe, ne doit pas s'ennuyer surtout du côté mouvement des jambes et du reste.

C'est une mode qui a passé, les filles n'invitent plus les hommes à danser comme le faisaient nos parents au moment du tango bleu. Il existe encore ce genre de rituel dans les bals et thés dansants, mais on le voit de moins en moins.

À Cayenne, les filles viennent danser devant le gars pour les provoquer sur les rythmes endiablés et chauds, sur les pas, du Zouk, de la Lambada où l'on se frotte la jambe contre entre-jambes en avançant le bassin dans une posture des plus sexy. Tout à coup, cette femme que j'ai reluquée pendant toute son évolution sur la piste me tend les bras avec son sourire engageant et provocateur. Mon réflexe, c'est de rendre ce sourire, je me lève comme si j'étais magnétisé par son regard. J'emboîte les premiers pas qui me paraissent difficiles, mais peu à peu, je prends de l'assurance et je me lance avec ma cavalière dans une exaltante chevauchée, sexe contre jambe avec une précise rotation saccadée des hanches. Cela dure une éternité. Tellement nous sommes collés, l'un a l'autre, seconde après seconde, je sens ce corps trépider dans le mien.   Je crains une érection, ce qui me rendrait ridicule. Je reçois de la complicité, de la tendresse, du plaisir de sa peau satinée et douce malgré la transpiration, son souffle, son odeur mélangée de parfum suave, ses pieds qui volent sur la piste. Sa poitrine, ses mains, sa taille, elle se fait tentacule. Elle m'ingère et je bois son corps.

Quand la musique s'achève, je suis dégoulinant, mais aux anges, elle plonge ses yeux dans les miens pendant un long moment, j'ai le cœur qui bat la chamade

– Merci ! Me dit-elle avec l'accent créole ;

Elle me quitte avec un petit signe de la main qu'elle a longue avec des doigts effilés bordés de vernis brillant.

– C'est moi, qui…

– Non, c'est moi !

J'ai oublié le temps. J'ai perdu de vue tous mes amis ! Fart qui a le dos tourné au bar n'a, me semble-t-il rien vu de la scène.

C'est le premier choc amoureux depuis ma séparation, je savais que ce serait sans lendemain. Je commençais à négliger sensiblement Fart.

Je retourne auprès de mes amis pendant que ma danseuse d'un moment avait repris le chemin de la piste, seule avec le même enthousiasme débordant de vitalité et ce sourire permanent qu'elle me congratule avant que je ne m'assoie. Visiblement, cela n'a touché personne sinon moi, noyé dans une candeur inexplicable.

Quand on quitte la boîte, elle m'envoie ce petit signe d'adieu qui me démolit le cerveau. Je souhaite alors que Fart puisse faire quelques efforts. Trouver une femme n'est pas une mince affaire dans ce bas monde où le nombre des divorces est supérieur à celui des mariages, on peut se poser des questions : faut-il pour autant lâcher la proie pour l'ombre… cette ombre psychédélique dansante, cette image fantomatique, cette beauté noire et débordante d'expression érotique, à la chevelure abondante et tournoyante. Impossible de donner un âge à cette créature. C'est plutôt du genre femme mûre, élancée, la quarantaine pas encore accrochée. Je descends les marches de l'Acropolis, j'ai l'impression de rentrer dans un four à cette heure presque matinale. Je ne suis pas le seul à subir cette différence de température ;
– C'est lourd !
– Un coup sur la tête, me dit mon fils
– C'est le Whisky et le Coca
– Un dernier verre chez nous !
– OK ! Tous en cœur…
On se retrouve tous, un plus tard devant un verre de « bois bandé » (des écorces macérées dans du rhum) très apprécié chez les Guyanais et les amis de Gégé. Cette boisson aux vertus aphrodisiaques et qui fait des miracles est sensée nous mettre dans un état explosif, mis sur orbite, on avale deux verres.
La soirée a été prolongée et il est temps de rentrer. On va se coucher.

Françoise est surtout contente de rentrer, le jour ne va pas tarder à se montrer ponctué par une averse de pluie assez forte. Dans la chambre au plafond, les deux gros ventilateurs brassent des courants d'air chaud et frais, un peu de bruit des vagues nous parvient de l'océan atlantique tout proche filtré à travers les moustiquaires.

Je me sens d'humeur grivoise. Sûrement pour oublier la frustration intérieure qui me chagrine depuis ma sortie de la boîte, je m'élance avec entrain à faire des gâteries sexuelles avec Françoise tout heureuse comme d'habitude d'en accepter le cheminement et de faire l'amour.

J'en oublie toutes mes interdictions et je donne de moi-même en même temps que ma partenaire se donne avec joie aux assauts coquins et malicieux. Pris dans l'envol mélangé de sueur et de coulées chaudes, je suis maître de mon plaisir et je pense que ma belle prend son plaisir aussi. Tout semble fonctionner pour une bonne et honorable partie de jambes en l'air, mais le lever du jour éclaire maintenant la chambre et le lit.

Alors, c'est à ce moment ou je reprends mes esprits : les caresses devenant plus pressantes après un cunnilingus prometteur pour pimenter le rapport, que mes yeux sont attirés par de grandes traces sur le drap. Je m'arrête d'un coup. Mes mains et mon visage sont barbouillés de sang, les sexes, les ventres et les draps aussi. Un vrai carnage, un étal de boucherie vide. J'ai cru un instant à une blessure.

– Tu ne m'as pas prévenu, on est plein de sang !
– Je n'ai rien senti, me répond-elle avec son rire d'hyène.

– Tu es dégueulasse, on n'est pas chez nous et c'est crade.

– Ce n'est pas la mort, je ne savais que mes règles allaient arriver, dit-elle en riant encore plus fort.

– Çà y ressemble ! On dirait qu'on a tué quelqu'un ! Je lui réponds, écœuré.

– Va te laver les moustaches, je vais laver les draps, dit-elle en ironisant.

J'ai failli lever la main sur elle, elle m'a dégoûté, « je monte une jument pur-sang », je le déplore…

Elle est revenue de la salle de bain, une wassingue à la main, pour nettoyer les dégâts causés par les menstrues abondantes, je suis resté à attendre dans un coin de la chambre. Je suis complètement dégrisé et écœuré. Nous avons dormi à même le matelas chacun de son côté.

Naturellement, pour certaines peuplades, pour certains hommes de conception religieuse, et même pour les moins civilisés le sujet reste tabou ou indiscret. Si cela peut arriver dans certains couples. Bon, je pense qu'il faut y apporter une touche de compréhension, mais là, dans ce cas aussi rebutant, ce n'est pas facile d'y mettre des excuses. Il y a la manière…

Même, si dans certains cas cela porte à en rire, pour le respect de chacun, on ne peut pas dire que ce soit bien romantique. Bonjour à l'érotisme de Fart !

Le lendemain, elle avait tout oublié en grande partie, mais moi j'étais encore sous le coup ! Je n'ai pas eu dans mes relations précédentes le souvenir de si peu de sans-gêne et de manque de considération de soi.

– Çà, arrive à n'importe qui, c'est humain, ajoute-t-elle, il faut voir à l'hôpital…

Et voilà, elle remet le couvert, sauf que là ce n'était pas une chambre d'hosto.

.

Nous sommes fin avril, de retour en métropole, je comprends encore plus l'étroitesse du cerveau de ma pétante blonde. Dès les premières ardeurs du soleil, elle refait sa peau, elle mue avec son inégalable senteur printanière. En fait, elle n'a jamais pu exprimer son sentiment sur le parcours, le voyage, les choses qui lui ont plus, les anecdotes, les lieux, les habitants, le climat, l'essentiel à raconter. Hormis ses démonstrations corporelles, elle n'a rien à dire de tout cela ! Quand on lui pose des questions, elle reste sans voix, hermétique. Elle ne peut rien sortir de son esprit… je suis plutôt extraverti, alors, elle me donne l'impression qu'elle n'a rien vu, qu'elle a survolé les étapes de ce grand et unique voyage comme, si elle regardait une image inerte, une carte postale.

Le crooner américain nous tire sa révérence : Franck Sinatra s'en est allé vers d'autres cieux : ce mec, il a fait rêver des tas de femmes de plusieurs générations et beaucoup d'entre elles sont tombées sous son charme ! Tout le monde en parle, mais elle, elle ne sait pas qui est *l'interprète de « tant qu'il y aura des hommes*, un inconnu, le jardinier du coin ? Le facteur ? Je suis interloqué et médusé. Offrir la possibilité d'un voyage, y parvenir pour obtenir un résultat aussi peu probant. Se balader avec une blondasse à un neurone, qui s'en fout de tout comme de sa première culotte ? J'en ai plus que ras-le-bol.

Et les allées et venues entre chez elle et chez moi diminuent rapidement, remplacer par des excuses les plus recherchées. Heureusement sa voiture, qui a quinze ans (tout est vieux chez elle) sent la vieille huile, le liquide de refroidissement surchauffé, l'humidité, la rouille, la putréfaction des fauteuils engoncés, refuse de démarrer. Alors, elle ose moins se déplacer et mes horaires de travail font le reste.

Les tentatives pour approprier sur elle un nouveau et séduisant look pour agrémenter sa vie de femme, sont vouées à l'échec : Coupe de cheveux, montures de lunettes, maquillages, vêtements, inlassablement, elle revient vite, à ses idées anciennes, ringardes.

Je capitule régulièrement. Je me referme dans ma coquille au point de devenir désabusé. Le torchon brûle. J'ai envie d'autre chose, une personne plus compliquée, dans la limite, mais plus féminine. Pour finir, sa fille s'en mêle et fait tourner sa mère en bourrique (elle n'a pas vraiment besoin de sa fille !) Ce petit monde m'agace et je prends la décision d'en finir avec les histoires qui sentent le pipi et le caca. Je l'aide dans l'achat de sa voiture et l'envoie chez un dermatologue, pour qu'elle arrête d'avaler des pilules au carotène pour bronzer.

Je la conseille gentiment sans insister en lui achetant un déodorant et des parfums de qualité en guise de cadeau pour ne pas éveiller des soupçons sur mes véritables intentions. Devant tant de débauche d'achat de produits de beauté, elle est surprise.

Pas plus qu'il ne faut ! Je prépare ma sortie avec douceur, car pour mon désespoir, elle ne les utilise que parcimonieusement.

– Mais, je prends ces produits quand je vais au boulot, assure-t-elle avec cet accent de terroir

Je lui propose de changer pour trouver le meilleur…

Peine perdue, en juillet, la France devient championne du monde de football et je quitte Françoise le lendemain. La France est en liesse et j'assume ma tristesse. Je n'ai pas eu le courage de lui avouer les grandes raisons de cette rupture. Aller dire à une personne que c'est hyper dermique, à fleur de peau, répulsif. L'obscurantisme qu'elle déploie est irréversible. Une souris de standard, que je quitte sans appel.

Elle et le champagne

Une tristesse tout à fait relative, je suis seul avec mon fils pour fêter en quelque sorte "La retraite aux flambeaux". Il fait un froid de canard à cette date estivale et les pulls sont de sorties ; les pétards éclatent de toutes parts. Un bal est improvisé sur la place de l'école, deux camions : marchand de bonbons, un manège. Malgré le froid si peu coutumier à cette saison, je vais faire la balade avec Guillaume. Je suis là, planté au milieu de la foule avec un sentiment de liberté, mais aussi de grande solitude.

Pendant que Gus s'essaie à la carabine à plomb, je tourne en rond et je m'aperçois que les habitués ont changé. Plus jeunes, des gens des villes ou des villages avoisinants, installés ici pour une meilleure qualité de vie, une parcelle de verdure moins coûteuse et des impôts fonciers moins exorbitants.

Le temps a passé, les marmots sont devenus de jeunes adolescents. Les filles et les garçons sortent ensemble, leurs jeux ne sont plus les mêmes. Ils ont grandi dans des lotissements au dehors du centre, dans de vieilles maisons que les parents ont retapées avec leur peu de moyens souvent en gardant une partie du cachet ancien qui fait le charme de ces petites demeures.

J'ai quitté la maison pour éviter de répondre au téléphone et montrer mon absence.

Je suis au milieu de la place, je regarde ma voisine. Elle habite la maison en face de la mienne. Elle a du mal à retenir la rage de son fils. Un garçon d'une dizaine d'années, super-actif et gueulard. Elle le gronde sévèrement, mais sa voix ne porte pas et son fils est loin d'en tenir compte. Il se roule presque par terre, elle le tire par le bras, par la manche, mais il se laisse traîner en guise de contrariété. Puis, comme si l'ordre suffisait, il reprend une posture normale et silencieuse. Quelques secondes plus tard, il recommence ce petit jeu de comédie en criant. Elle l'abandonne en se déplaçant et laissant un espace pour éviter les ruades intempestives de sa progéniture endiablée.

Je regarde ce spectacle, indifférent quand elle m'adresse la parole.

– Il est souvent comme cela… Le ton résigné devant tant de désobéissance.

– Ça tient du papa ou de la maman ? je questionne avec humour.

– Pas de moi, j'en suis certaine ! Elle se braque rapidement. Je sens une certaine susceptibilité de sa part. Sur la défensive !

– Qu'importe, je m'excuse.

– C'est pour vous faire enrager, vous êtes ma charmante voisine, je crois que c'est première fois que l'on discute ensemble !

– Il faut un début à tout, la vie est ainsi faite.

Question : est-elle fataliste ?

Les phrases toutes faites et les idées convenues, je suis méfiant, je sors de cette enclave non culturelle depuis hier.

– Je vous l'accorde, c'est comment déjà, votre prénom ?

– Mireille çà vous plaît ? Interrogative, elle me fait face entourant d'un bras l'épaule de son fils, elle le désigne.

– Lui, c'est Alex.

Je connaissais déjà son prénom, mais je le lui cache. Elle est enfermée dans une doudoune jaune clair et rien ne dépasse. Je la connais un peu de vue, une nounou, elle passe devant chez moi quand elle remonte la pente au retour de l'école avec un groupe de gamins, accompagnée de son chien. Elle ressemble à toutes ces femmes au foyer dont la vie quotidienne est marquée, rythmée, par les entrées et les sorties d'école. C'est un choix de vie, on ne va pas critiquer. Au contraire, je l'écoute pendant que nous reprenons à pied, la route qui nous mène vers notre quartier ceinturé par l'église, la marie, la poste et la place d'armes avec des monuments aux morts qui surplombent la route principale du village.

C'est réconfortant : elle a besoin de parler et moi aussi, alors on parle sans se poser toutes les questions familiales embarrassantes qui tuent les conversations mineures et rafraîchissantes. Pendant ce temps, Gus a installé une rampe de fusées de différentes couleurs reliées entre elles pour donner un effet simultané en explosions et sifflement divers, il exécute la mise à feu et le spectacle est étincelant. Un moment de bonheur pour le concepteur.

Puis l'on se quitte, elle me dit
– À demain ! Mon grand étonnement.

Le lendemain, elle est présente à la prise d'armes qui a lieu sur la place du monument aux morts, organisée par la commune. Et je suis prés d'elle pendant le discours de Monsieur le Maire. Elle reste distante, mais elle me coule des regards de sympathie. Je n'éprouve rien de particulier, mais je remarque sa chevelure très abondante de lionne. D'ailleurs ; c'est normal ; elle est née sous le signe du lion, m'a-t-elle dit, des belles jambes et une poitrine comme j'aime. Les seins assez hauts et volumineux, bien maintenus. Sans exagération, elle a du charme, encore plus quand elle le met en évidence.

Je n'ai pas envie de faire le chemin vers elle. Je ne suis pas non plus sûr de moi, sa maison est si proche, cela ne m'emballe pas ! Une atteinte à la liberté que je viens de retrouver deux jours me paraît incongrue, mais pas sans agréments. Je pense qu'il faut laisser venir. Je ne suis pas encore prêt, mais je pense que cette Mireille a des atouts surtout corporels, bien attirants, alléchants. Je ne m'en tiens qu'à l'hypothèse d'une relation purement physique.

Monsieur le maire nous invite cordialement au vin d'honneur traditionnel comme toutes les sommités et les habitants du village peuvent l'être. Mireille accepte et me suit dans la salle des fêtes avec entrain. On consomme une paire de verres et je la vois, tout émoustillée. Elle est en divorce, me dit-elle, son mari est parti pour une autre, mais elle sait qu'il est malheureux. Il n'aura jamais ce qu'il avait avec elle. D'ailleurs, il buvait, il rentrait saoul trop souvent, très tard et dans un état. C'est l'armée, au mess, les copains, il ne disait jamais non… »

« C'est bon, je me dis : j'ai déjà entendu cela quelque part ! Le bon côté de notre relation, c'est la distance : il suffit de traverser la route et hop !
Entendu cela quelque part ! Un requiem pour les mecs qui rentrent, complètement défoncés par l'alcool et ivres comme des grives. »

Bien sûr, je ne vais pas idolâtrer ce performant buveur jusqu'à plus soif, jusqu'à la lie. Mais voilà, je n'entends qu'un seul son de cloche et donc qu'une seule cloche. Faut-il se poser la question, mais pourquoi boivent-ils, pour faire la fête, pour démontrer qu'ils sont des hommes, pour retarder de rentrer à la maison ou alors par gourmandise ? L'alcool est-il, pour eux, une charmante compagnie (militaire ou pas) ? Et bien, il n'est pas nécessaire parfois, de faire une cure de désintoxication, un changement de vie radicale peut apporter la solution. C'est une maladie et l'on peut en guérir.

Mireille, en l'occurrence, me raconte ses déboires et les boires de son mari. Je prends note. Une femme peut en cacher une autre. Elle me cite les défauts des hommes, les plus accablants, elle atteste, qu'elle les connaît tous dans leurs uniformités.

– Les femmes au foyer sont des modèles d'entente familiale, me dit-elle, elles sont plus à l'écoute des enfants et du mari !

Elle me barbe mais, je suis plus attiré par les formes légèrement cachées de son anatomie que par sa conversation concernant l'éthique sociale et des exploits de son mari. Je pense qu'elle se déculpabilise, elle a gagné la séparation, elle peut habiter la maison et élever son jeune Alex, dans un endroit parfait.

– C'est signe, m'assure-t-elle, que mon mari a des torts. Mais, le pire, en haussant le ton, comme si cela ressemblait à une tromperie, il attend un enfant avec cette femme, il n'a pas attendu, c'est incroyable ! Je ne sais pas, mais le colonel m'a confié que mon ex était sous surveillance.

Puis, l'on se quitte. Elle me serre la main en me saluant.

– À demain !

– A demain, je réponds, encore une fois, étonné et en y réfléchissant, je pense que l'on a plus de chance dans ce village de se rencontrer que de perdre.

Le lendemain, elle toque avec le doigt à ma fenêtre, je la vois maquillée, là devant moi, elle ressemble à une vache qui fait de la pub en souriant sur une boîte de fromage avec ses yeux bovins. Elle a des boucles d'oreilles créoles marron en pacotille, les cheveux légèrement ébouriffés, un rouge à lèvres provocant. Elle sourit donc de la même façon.

– Avec ce que tu m'as dit hier, me susurre-t-elle pour ne pas éveiller le voisinage, ça te plaît comme je suis ?

– Bien sûr ! Je ne savais pas quoi lui répondre, je me demande où je vais avec elle. Dire qu'elle s'affole sur mon pedigree… Je la crains, car elle n'a pas la notion de l'épate et puis ce manque de classe évidente, toute cette mise en scène me déconcerte. Je lui prête beaucoup de naturel (ce qui pourrait me plaire chez elle à l'instar des poupées Barbie), alors je suis sans voix. Je la trouve plus ridicule que sexy. Sa poitrine qui darde ses bouts-de-sein sous un pull serré et ses jambes très fines découvertes en partie par une minijupe noire très moulante éveille ma libido.

– Tu viens ce soir boire le café… en rajoutant, en tout bien, tout honneur.

– OK, mais je ne bois pas de café, le soir, sinon je passe une mauvaise nuit.

– Il y aura autre chose de plus enivrant, répond la belle. Après vingt heures, Alex sera couché…

Je la regarde s'éloigner et je ris ; elle me pose une énigme : Mais, qu'est — ce que j'ai bien pu lui dire la vielle pour qu'elle prenne mes propos comme de la drague manifeste. C'est sur, je n'ai pas ma langue dans ma poche pour ce qui est des sous-entendus et des mots sucrés. En parlant de ma langue, j'ai très envie de lui faire voir les avantages de cet organe du goût, sa vivacité. Je suis curieux aussi. Cette manifestation à vouloir se présenter comme une autre femme déguisée, métamorphosée, conquérante, en usurpant sa propre personnalité, un dédoublement, une recherche de soi, il y a beaucoup de désarroi. Je suis presque en peine pour elle.

J'attends, le soir sans impatience, sûr de ma démarche, avec des résultats ou des échecs, qu'importe. Je suis légèrement blasé, mais je ne suis pas seul.

Un coup d'œil dans le journal télévisé, la pagaille dans le Tour de France cycliste. Le shampoing Dop aux hormones. Les dirigeants, les coureurs de Festina, Virenque au poteau, la grève, le pot belge dur à avaler. Je suis mortifié, un de mes meilleurs loisirs immanquables de l'été : c'est de regarder la grande boucle à la télé. Bon, il faut s'y faire, le spectacle est navrant. Allons voir du côté de chez Mireille…

Pour entrer, il faut montrer patte blanche, deux coups sur la vitre de la salle à manger. Accord du gardien des lieux, sinon on n'entre pas dans la maison. Pourquoi pas une carte électronique, me suis-je dit ? On entre par un grand garage, elle m'accueille sur le pas de la porte avec un grand sourire.

Le changement de présentation, elle est bizarrement accoutrée d'un pull-over moucheté, ras du cou, gris et noir dégoulinant sur les épaules et sûrement pas neuf, d'un pantalon de survêtement jaune avec aux pieds des Charentaises bariolées. La bobonne des soirs d'hiver. Elle aurait pu jouer un épisode de Jeanne Sourza « *sur le banc* » avec Raymond Souplex. Tout l'attirail de séduction avait disparu, le maquillage en même temps que les créoles marron.

— Entre, et ne regarde pas la propreté, le ménage, avec les enfants…

— Oui, je comprends, compatissant et réservé

– Voilà mon palais, où je vis sans mon mari, mais assois-toi, me désignant le sofa. Je m'écroule dedans, car je l'avais jugé plus rigide. Elle en rit, devant mon air ahuri.

– Tu as passé une bonne journée ? Me questionna-t-elle, tu ne m'as pas trouvée trop entreprenante ?

Je réponds avec un sourire à la Belmondo et en l'imitant :

– Pas du tout ! J'ai apprécié...

– Tu ne bois pas de café et bien si tu veux, je t'offre le champagne, d'accord ?

– Ce n'est pas un peu de trop ?

– Mais non… le champagne chez moi ça fait partie de mon éducation et c'est tout un art de vivre. Mère habite dans la campagne proche de Paris et depuis nous pouvons avoir du Champagne à bas prix.

– Bon, et bien pourquoi pas, merci ?

– Tu me remercieras après, il est déjà frais, mais il faut qu'il le reste, pas de gâchis, dit-elle en se levant pour aller vers la cuisine.

Elle revient en tenant un grand seau en plastique plutôt destiné aux tâches ménagères, avec dedans la fameuse bouteille entourée d'autres magnums d'eau en plastique sortant du congélateur, véritables blocs de glace. Elle pose le seau à terre qu'elle couvre d'un linge sec laissant apparaître le papier brillant du goulot. Un honneur à Dom Pérignon. Elle me demande si je connais la façon d'élaborer.

Je réponds par la négative,

– Non, mais je crois que tu vas me la raconter.

Mireille me fait un exposé en règle inattendu et remarquable ;

       – Après la cueillette, le raisin (cépage de pinot) est trié, puis pressé. Le moût subit la fermentation alcoolique dans des tonneaux, des pièces de deux cents litres. Puis vient le coupage, qui permet d'obtenir des vins légers ou corsés. Au printemps suivant a lieu la mise en bouteilles après l'addition d'une liqueur de tirage (solution de sucre de canne et de levures). Après cette fermentation qui se fait dans des caves à bonne température, la bouteille sont mise en pointe, le goulot en bas. On en débarrasse les dépôts accumulés et on la referme après réajustement avec une liqueur dont les doses sont secrètes, alors la bouteille est refermée délicatement et définitivement bouchée, conservée.

– Bravo, voilà une personne qui connaît le Champagne et ses effets aussi peut-être ?

– On lui prête beaucoup de choses, de vertus ! Moi j'adore le champagne, dit — elle, avec la bouche en cœur.

    Mais aucun geste, la bouteille reste, bien calé au fond du seau baignant le cul dans la glace.

    L'eau me monte à la bouche.

– Mes parents habitent à la limite de la Champagne pouilleuse, mon père aimait à s'y promener avec nous quand nous étions enfants. Il vendangeait et ramenait une quantité de raisins et de bouteilles à la maison. Je suis née dans cette région balayée par le vent, mais à l'automne les vignes changeaient de couleur. Cela était chouette… elle tâte le goulot.

– Il n'est pas encore suffisamment frappé ! En tournant la bouteille du bout des doigts. Elle a de belles mains, petites et fines.

Puis, c'est la conversation, au stade de la découverte, le mari est au centre de nouveau. Elle n'y est pour rien dans son comportement, lui il adorait le champagne, elle cachait les bouteilles, elle était l'intendance, la mère de famille, et la femme de service.

Pendant ce temps, la bouteille du délicieux breuvage repose dans le seau avec le mystère de son contenu. Je salive patiemment.

Mireille est assise en face de moi avec le seau au milieu et moi je regarde avec envie et avec patience, ces deux inaccessibles plaisirs de la vie en face de moi. La bouteille couverte de son cache-nez et sa propriétaire de son gros pull.

L'écheveau de sa famille commence à se dénouer, mais je n'y comprends rien. Je commence à me faire languir. Je jette des yeux gourmands sur les deux (la bouteille et elle) en me tortillant sur mon sofa. Elle se lève avec calme et deux minutes plus tard, elle revient avec deux verres — tulipes à pied rose, une dans chaque main. Elle les pose sur la table de salon avec délicatesse extrême.

– Les verres viennent du côté de chez ma tante, du cristal de qualité, je ne voudrais pas que l'on me casse un seul de la série, je pleurerais tellement, j'y tiens !

– Je comprends… (je ne suis pas au bout de ma peine).

– J'ouvre la bouteille, chez moi les filles le font, elles ont l'habitude et pour le service aussi.

– Je comprends…

– Tu sais, nous sommes des femmes du terroir, taillées dans le calcaire et dures comme des ceps de vigne.

– Je comprends…

Elle enlève le torchon et entreprend le débouchage. Il faut garder la bouteille dans le seau, pour ne pas perdre de la température. Normalement, le champagne ne doit pas être rejeté par le goulot.

Je la regarde faire. À moment là, je pense qu'elle est dotée d'une certaine dextérité. Ses petits doigts extraient le bouchon sans coup férir et le « pouf » joyeux se fait entendre. Elle a un sourire, elle est contente du rituel et de l'effet. Elle incline les verres et verse le breuvage pétillant.

– Ça, c'est du Champagne !

– À tes amours ! Je trinque sans toucher les verres.

– On verra, pour l'instant je lève mon verre sans arrière-pensée, je suis une maman sans papa.

– Je suis d'accord, mais la vie ne s'arrête pas pour autant, rien n'est raté. Magnanime, le champagne ayant réchauffé mon sens de la parole.

– Sûrement, mais les gars bien, çà ne courent pas les rues. Encore, une coupe ?

Les joues rosies par le vin, elle m'interroge des yeux pour y découvrir une bonne raison de répondre… Pour que je lui dise : Oui ! Pour une coupe ou Oui, les gars bien, il y en a peu !

– Oui pour une autre coupe, merci, c'est gentil.

Elle est toute écarlate, presque rougissante. Les yeux brillants et dilatés, j'ai l'impression qu'elle va me sauter dessus comme une affamée. Mais rien ne se passe, elle retient un soupir à peine audible, comme pour ressortir un peu de désinvolture. Je ne perds de vue aucun de ses gestes, de ses expressions sur le visage, les yeux, la voix, la position de ses jambes quand elle est assise, ainsi que son déhanchement, debout, la façon de poser ses mains, de boire, de tousser. On peut faire une analyse précise et par expérience, savoir si c'est le bon moment pour avancer les mots simples et bleus qu'elle aimerait entendre dire par un homme. Alors, c'est l'instinct de chasseur qui prend le dessus.

Beaucoup d'hommes à la mâchoire carnassière de félin se sont cassé les dents en voulant trop rapidement mettre leurs griffes de gros matous sur la femelle convoitée. À l'inverse, d'autres sont trop patauds, trop lourds, trop réservés, trop mous, trop lents, trop indifférents, pas assez matures, mal affublés et peu fréquentables. Toute cette pléiade d'individus reste régulièrement sur leur faim en cherchant encore pour quelle raison leur proie leur a échappé. Pour la femme la vision physique qu'elle a de l'homme est différente de celle de l'homme. J'aime les silhouettes aux formes plantureuses, un peu enveloppées. À chacun ses goûts c'est dans la nature, mais je suis tombé amoureux devant des femmes au style maigrichon, très attirantes. De prime à bord, Mireille est une femme introvertie et difficile à cerner, mais pas inabordable.

Je ne sais pas si je fais partie de ses rêves, mais pour le moment je tends le ressort de mon piège à souris et je dépose mon morceau de fromage en attendant qu'elle vienne toucher à l'appât.

Si vous n'entrez pas dans la part de rêves d'une femme, vous n'arriverez jamais à la conquérir. Il faut faire croire que vous êtes la personne qu'elle attend, mais sans faire référence à vous-même. Il ne faut pas être exceptionnel, mais simplement être un homme. Il suffit de se laisser aimer : les grands séducteurs sont souvent des hommes qui le savent…

Le mieux, c'est de faire comprendre que vous pouviez l'aider, la sauver de la noyade, et pour ce qui est du cas de Mireille, c'est presque facile, car elle en a envie, d'un homme à elle, qui sera là pour elle. Il est peut-être difficile de rentrer dans la vie d'une femme (et parfois même d'en sortir), surtout quand elle est attachée à ses souvenirs : une nostalgique.

Assise sur le sofa, elle tient son verre, aristocratiquement, pincé entre deux doigts et se délecte des bulles qui éclatent en file indienne vers le haut de la coupe. On ne peut pas les retenir. Ces bulles de rêves, à elle ; elle a peur que je les fasse éclater. Elle a repris de la pâleur au visage.

Elle pense à son image. En a-t-elle pris un coup ?
– Que vont dire les gens quand ils te verront sortir de chez moi, dis — moi ? Hein ?
– Le *qu'en-dira-t-on*, je m'en fous. Le mal n'est qu'affaire d'appréciation dans ce cas.
– On va dire que tu es mon amant, alors tu diras quoi ?
– Que l'on ne peut pas empêcher la dénigrante ! Dans un village surtout.
– Hou la la, j'ai assez bu ! Elle saute du coq-à-l'âne.

— Si tu veux du champagne, je peux t'en avoir.

– D'accord, on le boira ensemble.

– C'est plaisant, comme je suis souvent seule, ça fait du bien de recevoir une personne. Alex est encore petit. Quand j'étais avec son père, on était en couple que le dimanche, il verra, celui-là, il n'aura pas la chance d'avoir une épouse qui l'attend avec ses chaussons et des bonnes patates avec des œufs ? Bon, je ne vais pas me plaindre ; je ne suis pas la seule dans ce cas et dire que j'ai accepté toutes ces excuses quand il ne rentrait pas. Chez nous, dans la famille, nous ne divorçons pas, mais maintenant, pour un rien, on se sépare et on refond les éléments.

– Bon, je te laisse partir. Je vais mettre le reste au frais, me dit-elle en soulevant le seau. J'ai un bouchon spécial, comme ça, il ne perd pas son pétillant, on peut en boire encore une journée ou deux, quand tu reviendras, je l'espère ! Alex voulait rester en bas, mais il va à l'école demain. Je ne suis pas en tenue pour te recevoir, mais je suis à l'aise, et le chien ne me salit pas, je reviens de suite pour te dire bonne nuit.

On a passé la soirée à parler pratiquement que du champagne et pas d'autre sujet vraiment passionnant. Je la quitte. Elle me pose la question de savoir combien de bouteilles je voulais, agrémentant par la même façon son petit marché dans le voisinage.

– Moi ? J'aime le brut et toi aussi, je pense.

– Du brut comme je le suis ! Je souris du peu d'humour.

– Ha, non ! Pas toi ! Elle crie avec une voix apeurée.

– Je plaisante, je suis gai, c'est la saveur du champagne.

– Ça doit être bon, toi, enivrant !

Quand je me retourne, en la regardant partir dans la cuisine, je vois une petite tête qui dépasse de la descente d'escalier qui conduit aux chambres.

– Maman ! J'ai soif, mais qu'est-ce qu'il fait ici, le père de celui d'en face ?

– Alex, tais-toi et va te coucher !

– Je ne peux pas dormir, j'ai soif, maman !

– Bon, je vais t'accompagner, puis en se tournant vers moi — est-ce que tu peux m'attendre ?

Je lui fais signe que oui, mais, j'en ai déjà marre pour ce soir, le sort ne tourne pas en ma faveur et je me sens pris à mon propre piège.

Les pleurnicheries exaspérantes continuent et les cris de Mireille explosent dans une colère exacerbée par la mauvaise foi de son fils. Je reste debout devant la porte impatiente de sortir prendre l'air. Cela dure un bon moment avant que Mireille ne redescende, les traits tirés exprimant son désarroi et son désappointement.

– Excuses – moi, je t'ai fait attendre, tu reviens…

– OK, je te téléphone

Nous échangeons des bisous sur les joues, elle est brûlante et le feu se voit autour de ses yeux injectés de sang. J'ai le temps de passer ma main sur sa taille et de la frôler sans qu'elle oppose un geste de mécontentement. Je prends ma part sobre de découverte et je me satisfais d'avoir effleuré son enveloppe charnelle. Mon attirance pour elle est purement physique. Depuis le début et maintenant, rien n'avait changé ce soir, au contraire, ni le champagne pour en parler (c'est le sujet de la soirée avec son cortège de bulles) n'avait pas apporté l'illusion ou des prémices d'un amour débutant. En rentrant chez moi, je savais que dans la maison d'en face, il y avait une femme et du champagne qui m'attendaient : ceci était mieux que le néant dans mon espace rétrécit de vieux garçon. Une bonne compagnie en quelque sorte ; une femme et du champagne.

J'en ai plus appris sur le vin mousseux que sur la cuvée, et le millésime de cette champenoise émigrée.

Les jours qui suivent sont du même tonneau entre le champagne, les cris du fils rebelle, ses méthodiques perturbations pendant les rencontres avec sa mère. Dans ces moments, le bruit du bouchon et les cris des champenois étaient de mise.

Un soir, alors que les vertus aphrodisiaques du champagne font leurs effets stimulants dans le cerveau de Mireille, je suis soudain étonné qu'elle se laisse embrasser au moment où l'on se quitte.

Alex, l'insomniaque s'est enfin endormi, et nous sommes dans le garage.

Le premier baiser reste souvent ancré dans l'âme de chacun, au moins pendant la période qui précède la grande envolée amoureuse. Mais, là, je n'éprouve rien de bien émouvant ni d'excitant, l'échange est un distillat de salive et de bulles (encore des bulles) comme si toute sa vie se résumait à cette seule boisson. On se demande si elle n'a pas embrassé plus de goulots que de bouches. Elle déborde de tendresse et mousse abondamment de ses lèvres molles. Je suis baveux et pourléché en quelques instants. « Sortez vos mouchoirs ! » Je profite de l'instant pour explorer ses dessus et ses dessous. Elle se pâme de plaisir en s'amollissant contre moi. Je ne vais pas plus loin, renseigné que je suis, sur les charmes et les formes avantageuses de son corps. Je suis plus sceptique sur sa façon de s'en servir.

Je mets cela sur le compte d'une expérience assez limitée et je rentre chez moi avec une tristesse un peu singulière. Peut — être n'a-t-elle connu que très peu d'amants ? Alors je deviens pathétique, je suis en plein désarroi quand je pense à cette misère affective et sexuelle. Je suis comme un Don Juan de pacotille, je n'ai pas forcé mon talent, cela paraît un peu trop facile. Une conquête sans raffinement, sans recherche, sans excitation, fade. Sans la présence pétillante de ce breuvage divin élaboré par Dom Pérignon, les choses seraient restées initialement en leur état.

Beaucoup de femmes souffrent et cette plainte est très fréquente. Un phénomène de société ? Je ne pense pas mais des cas très nombreux existent. Ce n'est pas dans les statistiques, cela reste encore tabou d'aborder la sexualité surtout quand il s'agit de parler du plaisir dégagé par l'orgasme. En effet, il est moins compliqué de satisfaire des femmes, désireuses d'accéder au plaisir que l'inverse. Les femmes n'ont que la perception de l'image que leur envoient les hommes et cela peut jouer un rôle ; l'appétit sexuel diminue un tant soit peu selon cette perception. Mireille fait partie de ses femmes à la recherche de ce prétendu plaisir des sens qu'elle n'a jamais connu ou presque peu. Ce qu'elle en a appris succinctement, se sont des bribes çà et là.

Son ex – mari, elle en parle peu. Ce n'était que de l'amour conjugal, « des bons draps et une couverture » et sa répugnance pour l'alcool qu'il ingurgitait en grande quantité.

– Et le champagne. Je rétorque.

– Le champagne, ce n'est pas de l'alcool ! me répond-elle.

Je décide donc de continuer à la voir, de boire le champagne à ses lèvres mousseuses.

Une préparation est nécessaire pour faire l'amour avec elle. Car elle a créé des barrières : éviter la présence de son abominable fils et jamais dans sa chambre qui côtoie effectivement l'énergumène toujours prêt à casser l'harmonie du couple. Le contexte devient restreint. Les amours doivent être cachés pour que les voisins ne sachent pas. Rien de bien rassurant à l'horizon. Mais à force de courage et de patience, elle accepte les vibrantes caresses que je lui prodigue et peu à peu d'aller plus loin dans les ébats. Attentif à toutes ses réactions, je recherche les points et les zones érogènes les plus sensibles de ce corps merveilleux. Aucun souffle, aucun gémissement de sa part, elle reste calme et me déconcerte. Elle me laisse de bonne grâce, accomplir ce qu'elle attend de moi : la faire jouir. C'est un dimanche pendant l'absence de son fils que les conditions sont remplies pour obtenir un résultat probant. La tâche est ardue, j'échoue minablement dans ma tentative pour qu'elle prenne un grand plaisir. Je constate une frigidité évidente, mais pas irréversible : elle semble réagir mécaniquement, elle me reçoit dans son intimité glissante se libérant d'un complexe.

Mais pas de signe de ravissement, si c'est qu'un raidissement subjectif des fesses pendant l'acte. Elle est rapidement démobilisée et reste sans un geste. Sans son consentement, j'aurais cette impression vulgaire de perpétrer un viol. Elle est ravissante, avec son petit sexe à peine poilu et cette poitrine laiteuse, haute et arrogante : quel gaspillage ! Je suis déçu, malgré une multitude de caresses, ma bouche, ma langue sur la totalité de son corps et les baisers mouillés, elle reste de glace. Je rentre chez moi avec une sensation bizarre, un malaise de mal-être, le sexe curieusement enveloppé d'une couche sirupeuse intrigante et charnelle. Une insatisfaction, une frustrante démoralisation, un inassouvissement, je n'ai jamais ressenti cela auparavant.

Un sentiment agaçant, je suis accablé.. Et pourtant, elle a laissé faire, engloutissant de ses lèvres et de sa vulve, l'engin droit, tendu et dressé, qui plongeait dans ses profondeurs humides. Elle a lâché un petit cri de souris prise dans une tapette, un cri à peine audible. Mais, pas de crispation des membres ni de déformation sur le visage, traits communs dénotant la présence d'un orgasme délirant. Toute cette chevauchée amoureuse, on l'a parcouru dans le salon, sur pieds, en chaussette, debout et sur le bord d'une banquette à la place du chien. Mais elle avait enlevé la couverture de l'aboyeur. Il restait enfermé dans le garage attendant que les choses se fassent. À peine rhabillé, que je suis déjà chez moi et je m'écroule dans un fauteuil ! Elle m'a embrassé de sa bouche mouillée et semblait se satisfaire de la tournure des évènements. Ne paraissant pas vraiment heureuse, elle semblait être plutôt dépassée par l'acte. Avait-elle appris quelque chose de nouveau dans sa vie de femme ?

Pour oublier mes déconvenues sexuelles, je me rabats sur le Tour de France. Je passe des après-midi entières devant la télé, mais pour l'essentiel, c'est une catastrophe. C'est un Tour de la dope, de la dupe. Les Festina sont à l'heure ; Virenque, pleure « devant la montée » soupçonneuse des médias. Le Tour est « piraté », mais sort vainqueur. Rien de bien rassurant, les valeurs acquises s'effilochent dans mon esprit, il m'est très difficile de croire dans un avenir proche que les canailles et les crapules de tous genres seront bannies de la terre, pour l'instant. Je cherche alors un moyen de bien continuer ma vie avec d'autres croyances, mais pas spirituelle. Je baise au champagne, sans exaltation ni bon cœur.

Mireille devient capricieuse et moraliste. Elle fait sa tronche de bourge, elle reçoit des gens plus riches qu'elle pour faire croire, qu'elle n'est pas atteinte pécuniairement. Elle fait tout pour garder son rang en trichant, en s'arrangeant, elle fait du paraître. Son mari lui a laissé la maison, elle peut encore un peu frimer mais, un jour viendra où il faudra bien partager.
– Il n'en est pas question, il est parti, il est en tort. Me dit-elle les yeux plissés de dureté dans une colère froide ?
– Logiquement, tu es obligée de lui donner sa part. Je lui réponds sans chercher à la convaincre.

Elle m'affole avec ses idées reçues, cette mélodieuse répartie sans connaissance, des lois et des détenteurs qui les gèrent l'autorité. Elle veut se battre, sans scrupule.

Cet été est morose et gris dans l'Est de cette France défigurée.

Je suis un peu éloigné sur le sentier cahoteux de mon escapade après ce divorce. Les liens qui pourraient me réconforter avec les gens et la vie elle-même se dissolvent. Ficelles de lieuse agricole qui se sectionnent en filins brisés libérant un ballot de paille compressée laissant échapper une odeur âcre et purulente. Moi, je deviens dissolu et infect. À la tombée de la nuit, dès que Mireille a fermé ses volets, je sors de chez moi. Je m'extériorise. Je suis un dandy, apprêté et parfumé, je retourne à la chasse. Je sais déjà que la route empruntée avec cette femme est arrivée à un carrefour sans issue.

Entre les bulles si agréables du champagne, entre une odeur de soufre et de vinasse, entre une étrange exhalaison sexuelle persistante, je me sens encore plus débauché qu'un Casanova emprisonné et revanchard. Mais, je suis prêt à me sauver de cette mièvre posture. Je rentrais tard le matin, ivre de danses et de paroles sans intérêt.

Je passe devant ses fenêtres et je souris, demain je serais chez elle avec son emmerdeur de gamin et cette bouteille immuable de boisson pétillante. Rien ne changera dans cette tristesse de fausse bourgeoisie et dans ce vide, sur fond de détresse humaine. Elle part au mois d'août, chez sa mère, en me laissant à mes affreuses incertitudes.

– Rien ne remplace le cœur d'une mère, s'exclame-t-elle. C'est moral…

Je ne réponds pas. La morale… Laquelle ? Mais où donc commence cette idéologie, la morale des uns et la discipline des autres, c'est vraiment le grand écart construit sur un mode d'éducation et d'évolution. Les mœurs entravées par des poussées émigrantes et humaines venant d'autres contrées. Des civilisations entières se déportent pour trouver l'Eldorado, la modernité. Cette pauvreté engendrée par un capitaliste à la hauteur de ses ambitions, par cette soif du gain et de richesse. Le mondialisme fait recette partout et les pays pauvres voudraient bien une part du gâteau terrestre. Ils se battent aux frontières pour obtenir une légitime feuille de papier et une hypothétique faveur, le pouvoir de travailler dans les pays industriellement nantis. Mais ces courageux hommes de tous acabits n'en finissent pas de se heurter dans leur indigence aux états tamiseurs de tête, sélectionnant les plus géniaux laissant aux autres les croûtes de pain du chômage et de la précarité ainsi que la solidarité sociale. Toutes ces cultures rassemblées et haineuses hormis quelques-uns dont la réussite est promise, partagent leurs forces sombres et rivalisent avec les gouvernements dits d'accueil. Dans ce mouvement de foule et de désordre humain, les morales, les idées anciennes, le respect public sont bousculés et bafoués irrémédiablement dans un concert cacophonique. Ces messieurs, les hauts placés jouant de leur siège, ne peuvent pas contrôler cette émergence. En acceptant des abus, en jouant de laxisme face aux amalgames culturels divers, on oublie la censure qui ne joue pas son rôle de protection et qui fait très mauvaise recette dans l'hexagone. Je n'ai jamais pu comprendre le slogan : *nique ta mère*. On défigure la profondeur morale des pays riches, déjà mauvais élève en matière d'émigration. Bref, rien de rassurant pour l'avenir. Deviendra-t-on un jour, uniformes dans les besoins, dans la manière de boire, de manger confrontés à un idéal physique et psychique référent ? Au pire, nous deviendrons des clones sérieux et des clowns qui pleurent.

Si on garde une certaine dureté morale, on perd de la personnalité, mais si on s'écarte un peu trop cette morale, on peut la perdre aussi. Donc un équilibre des masses populaires en mouvement serait peut-être le mieux. Dire : vous restez chez vous et nous, on ne vient pas chez vous, mais on s'envoie des messages et des colis, histoire de ne pas faire la guerre. Voilà ma dérive du moment, c'est un peu en vouloir au monde entier en le rendant coupable de mon infortune amoureuse.

Mireille, est sûre de son bon sens aigu de la morale, du plus-que-parfait de femme de grande vertu, m'annonce donc ses vacances chez sa chère maman. Dans tout cela, je ne suis pas arrivé à dérouiller ni à développer ses sens sexuels, beaucoup plus fermés que prévu. Cette fervente et noble dame est plus accrochée au goulot de la bouteille de champagne qu'à la hampe dû mon pénis. De ce côté là, c'est plutôt la « veuve du clito » que la fameuse marque de champagne. Même en la renversant dans toutes les positions et en m'escrimant en maintes caresses, sa frigidité récurrente semble être un rempart infranchissable.

Matérialiste convaincue, elle pense que l'homme doit de se charger des corvées qui ne sont pas faites pour les femmes. Les tâches ménagères à faire suffirent amplement ainsi que l'éducation d'un bon petit diable. Elle me suggère un programme à la fois très élaboré et à la fois rebutant pour une personne dont la « main verte » fait défaut depuis longtemps.

Mais j'écoute
– L'arrière-saison, il est grand tant dans les jardins de retirer les bulbes des fleurs de la terre et de les ranger bien au sec afin de les replanter aux prochains printemps ou à la sainte Catherine pour certains arbres, dit-on, tout prend racine !
– Arracher les iris. Et en éclater la touffe me dit Mireille, avec une mine de satisfaction quasi — professionnel.

Elle ouvre des grands yeux interrogateurs devant mon grand fou rire, une sorte de moquerie mal cachée à son égard, mais loin de la détourner de son discours de jardinier, elle continue à énumérer la litanie des tâches botaniques successives à exécuter avant les grands froids.

Se faire éclater la touffe ? Elle, cette fleur sans bouton : un rêve ! Le mien, sans doute, car je pense qu'elle goûtera peut-être un jour ou une nuit aux douceurs sacrées et sucrées de l'amour. Loin de l'orgasme, cette sensation lointaine décrite dans les livres, les documentations, les romans, elle ne se complaît pas dans le plaisir sexuel et ne porte à la bouche que des verres fins en tulipes.

Donc, pas de miracle, elle reste pour l'instant dans les limites appauvries de la sexualité. Pas touchée par la grâce, elle reste bien attachée à son éducation de vieille fille aigrie.

Pour ne pas perdre mon temps dans des soirées campagnardes et aussi froides que sa bouteille sortie du frigo, avec cette mère casanière et repliée jusqu'à l'intérieur de son vagin, je reprends le chemin du dancing en douce, et parfois après avoir fait chanter la divine chanson cristalline de Dom Pérignon dans nos verres.

Comme la chambre reste fermée aux ébats et que la dame recule devant mes offensives de mâle affamé, je peux m'enivrer sans amertume, dans d'autres parfums et d'autres sueurs aux rythmes des musettes. Vexé et peu rassuré, le divorce m'apporte peu de chance de pouvoir refaire ma vie. D'ailleurs quelle vie ? Il faut tout refaire en gardant sur le dos, le poids, le fardeau de la conscience, la charge de l'échec du mariage. De ce qui a été fait avant. Surtout à la cinquantaine, parcourir d'immenses terrains vagues, de détresse, d'incompréhensions. Ce n'est pas gratifiant. Je ne veux en aucun cas être pourvoyeur de mon existence, de mon errance. Je sais que je ne suis pas le seul, malheureusement, à traîner cette misère des amours sans joie.

Elle est mariée

Mireille part retrouver sa mère et étaler des besoins affectifs sombres. C'est honorable pour cette vieille dame, à l'air frileux, habillée bien souvent de noir, endeuillé dans l'âme telle que je l'ai aperçue un soir, sortant de sa voiture, une Mercedes blanche magnifique, rutilante et chromée. Cette dame à l'allure altière de bourgeoise, au visage effacé, lorgnant de toutes parts comme si elle voulait apercevoir le mécréant qui a osé porter les mains sur les fesses de sa fille, la détourner de la bonne route qui est celle du renouveau ! Vers un vrai gars, pas un chaud de la queue, avec un bon métier, fidèle et obéissant comme un chien. La queue ne servant que d'apparat comme sur la coiffe d'un Garde républicain ou d'un soldat du Vatican !

Je n'ai pas cette aura majestueuse et princière, juste valeur appréciable de beaucoup de féministes révolutionnaires. Moi, je ne cherche rien d'autre que de me trouver une partenaire qui me convient, mais pas une femme qui aurait l'envie de tout transformer dans mes habitudes par des convenances préétablies par la belle Famille.

Je pense que Mireille n'est pas à la hauteur de mes envies ni de mes désirs, loin de là ! Elle, avec son intégrisme vieillot, elle me rend triste et presque introverti. Alors je vais voir si ailleurs, les femmes de la cinquantaine ont les mêmes problèmes que moi ?

J'épluche les petites annonces dans les journaux et j'y réponds dans des termes courtois et amusants. Les lettres et les coups de téléphone commencent à affluer et à sonner dans ma maison. De concert, je me retrouve devant une liste de personnes et ne sachant par laquelle commencer. Les souris prolifèrent dans la maison, je mets au point des pièges rassurants, mais méthodiques. Un vieux dicton me donne à réfléchir : il ne faut jamais courir deux lièvres à la fois. J'opte pour cette maxime, je choisis celle qui me semble la plus accessible, la plus vulnérable. Après rendez-vous, je l'élimine sans rien lui dire, mais en gardant un contact permanent pour ne pas perdre le fil avec elle. Je n'ai alors qu'une envie de les posséder toutes et de les expérimenter, une soif de faire une cour effrénée à chacune d'elles pour ne rien perdre de leur corps et de leur âme.

Cat est tout étonnée : à savoir que l'on se connaît depuis des années. Sans pour cela avoir vraiment essayé de faire le pas. Alors aujourd'hui, c'est un autre jour et c'est sympa, on a décidé de sortir ensemble sans se tenir la main, comme des étrangers, mais bon ! Pour la guinche pour passer une soirée délicieuse.
– Merci d'être là, me dit-elle, c'est mieux quand on est accompagné.
– Bien, mais s'il faut les journaux pour se rencontrer… Tu habites dans quel bled ?
– Hé ! Je n'habite pas à Constantine ! Mais ce n'est pas grave, si tu savais… à côté à cinq kilomètres, dans la descente…
Les joutes guerrières, pour la prochaine ; une valse, Mikaêl Franck entonne : « Toutes, toutes les femmes sont belles… ». Je le chante dans l'oreille de Cat, elle en rit en m'enlaçant pour les premiers pas. Elle vole sur le parquet, elle danse avec entrain se laissant porter et prendre docilement dans mes bras, je la tiens fermement contre moi pour mieux sentir les mouvements onduleux de son corps.
– Tu danses très bien, dis donc, c'est un plaisir ! me dit-elle dans un petit souffle relâché. Elle a de la classe dans son petit tailleur marron clair, ses tresses de cheveux légèrement rousses et brillantes, ses escarpins assortis. Après la danse, on boit un verre près du bar debout accoudé, mais comme si on était seuls au monde, ignorant les facéties et les remarques des autres danseurs bienveillants.
– Tu fais quoi maintenant, je demande.
– Tu vas rire, je suis chauffeur de poids lourd, tu sais, c'est un métier comme les autres, tu n'es pas macho comme la plupart, je l'espère ? Sinon…

Je retiens mon étonnement, puis au contraire, je la félicite de pouvoir exercer un métier de mec tout en regardant ses poignets et ses jambes certes musclées, mais si fines. Elle dégage une force de caractère, habituée à la galère dans le travail, un authentique petit bout de femme, riant de ses problèmes et du comportement de ses collègues. Du respect qu'elle inspire dans ce monde dur et phallocrate. Elle m'explique les incidents et les accidents de la route. Comment, elle arracha des volets dans une ruelle et resta coincée avec le chargement sous un pont, fermant la circulation. Elle me fascine, mais aussi elle me fait peur. La peur de ne pas être à la hauteur ni même capable d'affirmer mes prétentions auprès d'elle. La séduire sera difficile, car je sais qu'elle connaît les hommes, leurs faiblesses et leurs envies. Ce n'est sûrement pas le moment de la tromper ou de raconter des histoires invraisemblables. Ne pas parler de cochonneries et surtout ne pas se vanter d'exploits amoureux et sexuels. À mesure que la soirée passe, elle se rétracte, me laissant un peu désappointé, elle danse avec d'autres, mais au retour, elle revient près de moi, ce qui me donne l'impression de ne pas la perdre de vue. Je suis rassuré et conforté par une liste de prétendantes, mais cette liste pourrait devenir vierge en une soirée. Je trouve Cat ravissante. Aidée par plusieurs verres, la beauté n'est plus qu'une image de ce que l'on veut bien voir. Cat et moi, nous nous comprenons, nous affichons notre sensibilité sous une dureté mélangée de mots et gestes amicaux.

Elle me quitte, sans arrière — pensée. Ce n'est pas son jour : — je suis crevée, on se voit bientôt ?

Je suis démonté, mais elle tient bon, ce ne sera pas ce soir. Le téléphone ? On verra pour l'instant, elle rentre. Un bisou sur chaque joue. Elle est partie avant que je ne puisse la retenir. Une nouvelle fois, je vais rentrer seul ! Ma conduite amicale permet de faire croire à cette foule aux aguets (presque une famille) que j'ai peut-être un peu trop espéré sortir avec Cat. Et comme on connaît le bouche-à-oreille dans l'établissement, mieux vaut garder le troupeau de brebis intact. Je suis solitaire et retrouve mon lit avec la même désolation, mais des souris courent la rue, le long des façades anciennes et cherchent à nicher. Quand elles sont lâchées, c'est le bon moment pour les attraper.

La semaine suivante, les choses s'engrainent de plus en plus. Je ne sais pas où donner de la tête entre mon travail et mon temps libre, les jours rétrécissent comme une peau de chagrin. Il faut que je sois très adroit pour ne pas me tromper de prénom et d'heure de rendez-vous et de me rappeler toutes les paroles qui se déversent dans moi.

Voyant que je ne m'en sortirais pas, je décide d'éliminer les plus loquaces,

Mais les flèches de Cupidon frappent en un même lieu et de surcroît le même jour. Des coups de téléphone dont un des moins attendus réveille une histoire aléatoire de drague en souffrance. En effet, comme tout automobiliste, je choisis une station essence pour me ravitailler. Je reste client simplement. Pour me rendre à mon boulot, c'est sur ce chemin que j'emprunte que se trouve la station. Que la caissière en fait partie ! Qu'elle devient une personne incontournable !

Bonjour et revoir ! Pour certains jours, quelques mots gentils ou quelques boutades, pour moi, une conversation dense et subjective s'installait, mais sans lendemain. Jusque là, rien de subjectif qui puisse révéler un quelconque accord, une sorte de séduction.

Elle me prévient de son arrivée éminente, chez moi, sans autre forme de procès. Une femme mariée, des enfants, et un grand désir de me voir de plus prés. Je suis une très bonne cible, me semble-t-il, célibataire et vivant seul à la maison. Audacieuse, mais parfaite dans l'art de mettre le couvert et de déguster avec envies un repas de fête. Je lui dis oui, sans hésiter, sans me créer pour autant un objectif. Dans la manière que se présentent les choses, je sais qu'elle vient pour d'autres manipulations que se faire tirer les cartes. Elle arrive rapidement.

Jeanne s'installe sur ma banquette. Jupe très courte, les jambes nues bien galbées, elle offre au regard une excitante vision. Certes un décolleté plus fermé, une petite femme, le visage attrayant lisse avec des yeux gris verts merveilleux, clairs et rieurs, ensorcelants quand je me mets à les fixer. Elle se sent très à l'aise près de moi, elle attend beaucoup de son passage chez moi. On parle de tout en s'approchant l'un de l'autre. Une croqueuse d'hommes, sa mâchoire semble vouloir mordiller, titiller, picorer, agacer, suçoter. Elle est autoritaire et dévolue avec un goût certain pour l'aventure. Un langage intellectuel, une culture élargie, et une envie de vivre exacerbée. Je reste longuement interdit devant cette femme, qui à cette heure tardive devrait s'occuper de ses enfants en leur préparant un bon repas et de l'affection. À la question — où sont les enfants ? Elle me répond qu'ils sont au courant de son retard et qu'ils savent se débrouiller tous seuls. Je suis interloqué, un peu décontenancé.

Moi, baiser une femme mariée, là ce n'est pas vraiment un problème ou si peu, mais potentiellement porter en soi le germe d'une séparation, là, c'est une autre affaire. Ça me gêne. J'ai trop souffert de la casse pour nourrir une semblable histoire avec un autre couple. Détruire un ménage dont les enfants sont mis en jeu était la seule et légitime restriction que je devais subir. Sinon, je ne voulais rien m'interdire, pour autant, je n'ai pas pensé même dans les sombres instants, à virer dans le clan très éloigné des homosexuels

. Mais, elle s'approche plus près de moi en laissant tomber ses cheveux et en les remontant puis en les lissant d'un geste que seules les femmes savent faire, pour épanouir son visage en me regardant effrontément dans les yeux afin que je puisse lire dans sa pensée. Elle avance tout son corps vers moi et des baisers succincts, mais tenus recouvrent mes lèvres. De fines becquetées comme des oiseaux pendant un rituel nuptial. Le charme s'opère. Entreprenante et avertie, elle sort ensuite le grand baiser aux mille cordes faisant vibrer des signaux électriques jusque dans la moelle épinière, accompagnée d'une caresse de la main droite effleurant la pelouse pileuse de mon torse, un bouton ayant lâché sous la pression de ses doigts experts. Lâchant la position du lotus qu'elle a pris sur la banquette, elle me renverse en arrière et elle laisse tomber ses chaussures haut — talons sur le carrelage dans un mouvement de la pointe des pieds. Elle est déjà lovée en moi et au-dessus de moi, avec un sourire de satisfaction qui en dit long. Les deux bras tendus me plaquant les épaules sur les coussins moelleux, les cheveux cadrant ses pommettes rosies par le chaud de son cœur, elle me demande, la bouche sucrée.

     – Cela se passe où, chez toi ? En haut ? En secouant la tête en direction de l'escalier de bois.
– C'est par là ! Je lui réponds sachant que je ne devais pas me défiler, par orgueil sûrement.
– Bon ! On y va, cher ami…

Elle passe devant moi, ses pieds nus montent les premières marches de l'escalier, les chaussures à la main, les jambes alertes, elle désire monter plus haut encore : – Au septième, me dit-elle en riant. Elle domine son sujet et cela devient terriblement désagréable pour moi qui jusque-là, n'ai connu que des filles aux mœurs peu éveillées, aux ébats ordinaires. Je me retrouve debout au pied de mon lit, devant une femme déterminée, libre de son corps, légère, et loin d'être timorée. Là, je suis un peu dépassé, car mon égoïsme masculin en prend un coup, comme si j'étais plus un homme de l'engagement, dans l'acte sexuel proprement dit.Cette libération d'esprit fomenté par ma partenaire, Jeanne, m'effraie, mais je laisse le temps au temps, je deviens calculateur. Elle aime qu'on la déshabille, alors je l'effeuille avec calme et avidité, mais lentement en laissant glisser mes mains et mes doigts à la lisière des élastiques et les agrafes sans oublier les salières et les épaules. Je suis derrière elle, au moment où la jupette tombe mollement sur la moquette. Sans ses talons, elle devient une petite femme sans envergure. D'une dextérité affolante, elle déboucle ma ceinture, avec le bras dans son dos, elle fait glisser ma fermeture éclair en une seconde. Je l'embrasse dans le cou sans excitation. Elle a un petit rire d'enfant sensible aux chatouillis, quand je fais sauter les derniers remparts de dentelles. Elle croise ses bras sur la poitrine en tenant les bonnets de son soutien-gorge et elle se jette dans les draps en envoyant le paquet mauve et prune à travers la chambre. Puis, dans une mimique rapide, elle enlève son slip rapidement sous les draps et dans un geste de lanceur de boomerang, elle envoie le string aux mêmes couleurs à mes pieds. Cette fausse pudeur m'agace et me désarçonne.

– Et bien, voilà ! me dit-elle, d'un air amusé.

Je suis debout encore habillé devant elle, je suis pris au piège d'un strip-tease presque obligatoire.

À cet instant, elle gagne du terrain sur la manœuvre. Je perds de la contenance, je reste beau joueur, je ris, mais je suis comme un pingouin perdu sur la banquise, avec le pantalon tombé sur les pieds et en chaussettes, comme cadenassé sur la moquette. Je veux éviter le ridicule, je reçois son regard de femme dominatrice, ravie du spectacle. Elle pavoise à me voir ainsi obligé à maintenir une position peu reluisante. Je sens la froideur m'envahir, comme si la fenêtre en ce mois de novembre laissait passer des courants d'air diffus. En déséquilibre sur un pied, j'essaie de sortir de cette posture, mais je manque la chute de peu. Je me retiens de justesse au bord du lit. Elle fait semblant de ne pas voir mes simulacres de danse du scalp quand, les jambes à l'air, je tire sur le haut de mon pull-over comme un fou pour y passer la tête. Elle a le don de m'irriter et de me faire perdre en quelques minutes une érection prometteuse.

Je ne perds pas confiance, mais cela dit un homme peut être très fragile dans certaines circonstances et aujourd'hui, le premier contact avec Jeanne est peu brillant. À chacun, sa façon de se pervertir, de créer ses propres fantasmes ; pour elle sûrement, c'est le cas, mais moi, je ne trouve rien de bien attrayant. Après avoir dévoilé toute une partie de mon anatomie dans un désordre de vestiaire de club de football, je me retrouve définitivement nu comme un ver à côté d'elle. Les caresses peuvent reprendre, mais la panne « *de la première fois* » semble s'installer. Curieusement mon envie de faire l'amour disparaît. Elle ne tient pas compte de ce désarroi pendant que le sucre d'orge que je voudrais bien qu'elle suce en douceur devient un bâton de guimauve des plus inconsistants.

– Ce n'est rien, attends un peu ! Essaie de ne pas y penser, me murmure-t-elle.

– OK ! Je ne sais pas pourquoi, mais rien n'est gagné ni perdu, je lui réponds plus dépité que jamais.

– On peut discuter en attendant ; fais-moi confiance !

Je reste un moment muet et puis la conversation reprend en attendant que l'endormi se réveille et fasse un pas vers la rigidité. De conciliabules en détours de toutes sortes, je découvre son corps avec les mains et les yeux. Le charme s'évapore quand je touche cette peau malléable exempte d'élasticité. Une masse molle sans pouvoir tactile ni lisse refusant les effleurements et les cajoleries. Le ventre et le bassin marqués par une cicatrice : les stigmates d'une césarienne antérieure, et quelques vergetures, les seins flasques comme vidés de leur opulence, de leur souplesse, les tétons cernés par des rides vieillissantes, martyrisés par de nombreuses tétées. Seuls les jambes et le visage semblent être épargnés par les grossesses. L'état des lieux est loin de me réjouir. Seuls son sourire et son minois de jeune fille semblent me réconforter pour atteindre le nirvana sexuel. Force d'attendre, le corps à ses raisons et comme on me l'a dit souvent, c'est entre les deux gros orteils que la femme et l'homme sont les plus sensibles. Il va bien falloir le vérifier encore une fois. Je sens que Jeanne a perdu de sa superbe, moins autoritaire, plus conciliante. Plus minaude, elle se laisse aller à quelques bisous, puis elle devient entreprenante puis tendre. La caissière de la station si désinvolte et au regard dévorant et coquin se transforme en une petite fille capricieuse et réclamant avec gentillesse qu'on veuille bien lui offrir une gourmandise. Pourtant, je ne lui avais rien promis, encore moins fais entendre que je voulais visiter son jardin secret. Sur ce plan, je suis sûr de ne pas avoir dérivé. Je lui demande de m'expliquer franchement, pourquoi elle est venue vers moi.

Elle me répond. — quand un mec me plaît, je fais des pas… Elle doit souffrir d'apesanteur, car ce sont des pas lunaires. Jeanne ne vit pas dans la douleur quand elle veut obtenir une chose ; . Elle ne fait pas semblant, seulement il y a un manque et dans ce moment, c'est mon corps qui ne veut pas lui rendre ce service. C'est la panne (des sens) sèche. Le comble pour cette caissière. Sans imagination, mais en fermant les yeux, pour me représenter une image plus excitante, finalement ma puissante virilité s'exprime droitement, laissant à qui veut le voir une verge surmontée d'un col roulé et d'une protubérance brillante et violacée.

Je pars au plus pressant. Après avoir donné de la langue comme un petit chat dans une tasse de lait, je laisse la primeur tant attendue, à Jeanne de faire gicler les semences de la vie dans ses méandres enfouis avec un plaisir partagé.

Je reste sur ma faim de jouissances et de jeux variés avec cette femme, elle redevient après l'amour cette mère de famille. Je m'abandonne à plein de questions. Je trouve tout cela bien dérisoire quand on a « tiré son coup », que l'on a baisé la souris de la station. C'est vraiment du rock n'roll très limité au niveau du swing. Mais, c'est quand mieux que s'anoblir le poignet par une masturbation affligeante et démoralisante devant un CD de x ?

Quand elle se refait une beauté pour rentrer chez elle, je ne suis pas soulagé, je sais maintenant qu'elle a vingt ans de moins que moi et que nous n'avons rien en commun sinon de s'être rencontré et d'avoir fait l'amour ensemble. Que les femmes mariées et surtout celles avec des enfants forment une catégorie de personnes dont on ne peut pas savoir quelles sont leurs envies. Est-ce que le mariage leur va si bien ? L'amour des enfants est-il suffisant ? Peut-on désirer l'autre pendant des décennies ? Je ne crois pas que c'est pour cela que les divorces sont de plus en plus prononcés. Les familles monoparentales se forment de plus en plus. Mais, est-ce vraiment la solution ? Rebâtir est un défi. On connaît mal les effets à longue durée de cet enchevêtrement consentis. Dans une cinquantaine d'années, le mot « famille » se portera comme une réussite sociale bien conduite, le reste ne sera que désordres et malentendus. On verra sans doute des célibataires habitant séparément de leur concubin s'arrangeant pour des bonnes causes financières ou d'organisation du travail. Ils sortiront ensemble pour les bonnes choses de la vie. Tout pourrait devenir arbitraire dans un mode de vie déstructurée. Deux vitesses, liées au pouvoir et à l'argent d'un côté et de l'autre une misère sociale collée comme une fange pour les plus démunis.. Mais, je passe sur mes philosophiques réflexions qui n'engagent que moi. Ce qui reste à prouver dans le futur, toutes proportions et comparaisons gardées.

Dans les escaliers abrupts, j'ai droit à un baiser des plus convaincants. Je pense que si elle avait commencé par-là, la séance de Kâma-Sûtra aurait été plus amusante. En effet, je constate que Jeanne est plus attirante habillée avec son décolleté Wonderbra que dans la tenue d'Ève. L'opposé de celles habillées de fringues lourdes et de couleurs médiocres, baskets crades et pull couleur de vinasse et qui vous cachent un corps sculptural et plein de formes juteuses et désirables.

Mais, c'est surtout, une déconvenue, quand je fais le tour de mes conquêtes d'après divorce, seules les femmes ayant eu très peu de grossesses menées à terme semblent avoir gardées une ligne élégante. J'enlève de mon esprit le laisser-aller tel que l'obésité et les accidents physiques de certaines malheureuses. Pour avoir fréquenté les plages nudistes, les hommes en vieillissant seraient plus harmonieux dans leur apparence physique et musculaire. Je laisse de côté, les tricheurs et tricheuses, amateurs de chirurgie réparatrice, gommant par souci de perfection les défauts naturels les plus visibles et les plus traumatisants.

Quand, elle me quitte, je suis heureux de l'entrechat. Je suis songeur ; aucun avenir avec Jeanne, même dans le domaine du sexe dans le meilleur des cas. Mais quel genre de femme, je suis sensé rencontrer qui pourrait correspondre à mes aspirations les plus profondes ? Je m'encourage, personne n'a fait sonner la sonnerie du téléphone ce soir et c'est tant mieux, mais les rendez-vous se précisent. C'est moi qui vais me déplacer ; demain, je me lève, quatre bonnes heures à dormir ; la nuit sera courte, je vais me recoucher dans les draps froissés encore humides, poisseux d'amour aux senteurs et odeurs froides : « Le lit défait » de Françoise Sagan. Je m'endors, à demi assouvi pour un temps. Je pense à mon harem, et déjà à la suite.

Elle est brune

Je suis sorti de cette affaire de femme mariée, elle téléphone et c'est tout, je ne m'enhardis pas. Je m'écarte du rendez-vous et même, j'essaie de lui faire comprendre que l'histoire s'est achevée là où elle a commencé c'est-à-dire dans ma chambre.

Cet après-midi, je suis aux portes de la grande ville. Pat, a répondu à ma charmante lettre qui deviendra mon archétype une sorte de lettre de motivation, de prétentions, un parchemin, un cheminement vers une clairière parfumée de fleurs odorantes.

Cette lettre très simple, mais du genre self-made-men, ouvrait, semble-t-il, les portes aux plus introverties. Elle suscite une interrogation en aiguisant ou réveillant la curiosité légendaire féminine. Content de l'effet de la tournure calligraphique de mes écritures et conscient de la portée de chaque mot, j'attise mes chères demoiselles, il me reste pourtant à les convaincre physiquement. Porter l'estocade finale me semble a priori qu'une histoire de bon sens et d'écoute. Dans beaucoup de cas, les femmes même très jeunes aiment bien qu'on les laisse se réciter. Il suffit par quelques paroles adroites de faire croire que vous n'êtes que consultant, mais que vous la trouvez ravissante et par le même biais, pas sotte, si elle veut bien parler d'elle. D'ailleurs, les *jolis cœurs musclés* s'en sortent très bien quand ils restent silencieux (cela évite de raconter des âneries), tout dépend de l'auditoire. Vendre sa marchandise n'est pas une mince affaire. Les calibres et les performances sont-ils des critères de séduction ? Même les plus sordides d'entre elles réclament un peu de respect. En somme, faut-il être beau pour séduire ? Tout dépend de la personne qui vous écoute, qui vous regarde. Si cette personne est à la hauteur de vos exigences et vos désirs, il ne faut pas tout gâcher en mettant ses doigts dans le nez ou en parlant de préservatifs pendant un quart d'heure. Bien sûr, il n'y a pas de recette toute faite ! çà se saurait inévitablement. Il faut être prêt tout simplement sans trop tricher et être, naturellement soit même ; marié, célibataire ou couillon avec un bouquet de fleurs en plastique au premier contact. Les médias, les journaux créent des normes et des clichés : des cruautés pernicieuses comme si tous les hommes de la planète devaient ressembler à un enrichi aux formes capitalisées et « boursières. » Je suis sur le trajet, je roule vers un endroit qui me semble inconnu, là où Pat m'attend. L'originalité, c'est de la retrouver dans un Mac Do, dans cette banlieue au beau milieu de tours de ciment et de parking. Mais c'est la seule façon de se repérer dans cet étouffoir de pierre, ce labyrinthe de béton. Je réussis grâce aux renseignements de la belle dame à m'insérer et m'arrêter sur le parking. De ma position d'automobiliste, je suis guetteur, dans un rayon de cent quatre-vingts degrés, je peux apercevoir pratiquement tous les marcheurs qui gravitent. Si l'un d'entre eux correspond aux signalements qu'elle a bien voulu accepter de me divulguer, je peux, dans le cas où cette personne ne me conviendrait pas, partir sans ouvrir la porte de la voiture et m'éclipser sans aucun regret. L'attente est longue. Le dos tourné vers le restaurant pour enfants sages et suralimentés, je cherche avec un peu d'émotion, en palpitations incontrôlées dans la foule très dense ; l'oiseau rare. Cette blonde aux cheveux mi-longs ne sachant pas comment elle serait vêtue pour ce jour grandiose ! Bref, les femmes savent faire attendre, je commence un peu à ressentir un torticolis, à tourner la tête dans tous les sens comme un aigle sur un tourniquet qui épie sa proie. Je pense déjà qu'elle m'a posé un lapin. C'est le jeu. La torture ne sera pas longue. À peine distincte de ma vue, je vois une femme avançant dans ma direction avec une démarche bizarre en se dandinant. Elle arrive sur le trottoir d'en face. Je la suis des yeux : elle se dirige vers moi ; une blondeur éclatante dans les cheveux un peu balancés par le vent. Elle a cette façon d'avancer en regardant ses pieds, de ne pas faire attention aux autres, muées par une sorte d'avancée mécanique et cadencée. Je pense que c'est elle. Je sors de la voiture comme attirée par cette image, cette silhouette vaporeuse. Sans souci ni peur d'être pris pour un détraqué ou un dragueur à la manque, je reste debout, donnant l'impression de ne pas être en rancart. Pourtant je suis sur les dents, je suis prêt à l'abordage quitte à me tromper. C'est un risque à prendre, je pense à l'échec. Elle se dirige vers moi sans me regarder.

– C'est moi Pat, c'est votre voiture ?
– Oui, c'est bien à moi ! Un peu éberlué que je sois devant cette femme.
– On va boire un verre ? (Encore ? une invite rapide dans un fast food)
– Oui, bien sûr ! Allons donc !
Je l'accompagne, je remarque que c'est une vraie blonde avec les sourcils châtains, le visage, un tantinet du genre France Gall, en une plus grande, une taille et la ligne de Miss Univers : un canon.

On s'assoit et je vais chercher deux Coca-cola dans des gros gobelets en plastique avec un capuchon et des pailles pliables flottant dans un paquet de glaçons ; je renverse presque les récipients sur la table : avertissement de mes sens, d'un trouble profond provoqué par son regard vert et amusé. Pendant un moment, je suis planté à la fixer sans voix, j'ai la vague impression que ma veste est trop courte et ma chemise trop grise ; elle n'ouvre pas la bouche, elle attend que je prenne la parole.

Je lui dis : – alors ? C'est drôle comme on peut bêtement perdre de l'assurance dans ces cas extrêmes de séduction brute et pure. C'est là, à ce moment opportun que je déclenche un plan de sauvegarde naturelle.
– Alors, pas trop difficile, cette rencontre ?
Elle sourit, c'est communicatif, moi aussi je souris.
– Çà va, pas de problème, me répond-elle ! Tu n'es pas obligé de m'accepter. Mais si tu peux rester... Pleine d'humilité, soucieuse de ne pas passer pour une aventureuse au premier abord.
– Je persiste et je signe ! Je lui lance ma réponse triomphale !
– Je suis libre. J'ai un fils qui est grand voilà… et toi ?
– Pareil ! J'ai le temps de poser mes yeux dans les siens et ensuite vers le reste : une poitrine haute, des épaules graciles, une taille de guêpe : un petit bijou de femme. Un petit corsage tendu sous un manteau de cuir ciselé. Une classe vestimentaire et un parfum de musc et d'ambre légèrement voluptueux. Sur le premier coup d'œil, je n'ai pas remarqué qu'elle porte un pantalon en jean serré.

On s'est rencontrés sur une autre planète ou antérieurement dans un rêve, alors on est sensible à cette image. L'effet est souvent reçu dans certaines situations comme si cet évènement avait déjà été vécu. Donc cela paraît clair que rien ne pourra changer ce destin puisque c'est écrit.

Elle me raconte ses soucis et les valeurs humaines qui s'y rattachent, de son travail, mais aussi de la personnalité des hommes déjà rencontrés. Un peu féminisme, une défense assez passive, un électron libre et une façon d'approcher les problèmes de la société sans indulgence, bref des pensées, mais pas d'idées préconçues. Pat étale son bilan négatif, tout d'un bloc, ses erreurs passées, ses rencontres. La façon qu'ont les hommes de conduire leur drague, ce qui lui a déplu et les choses qui lui tiennent à cœur, les faiblesses, les atouts pour être bien avec elle. J'engrange toute la panoplie du parfait gentleman capable de la séduire avec les moyens les plus sélectifs. Je la laisse débattre, en m'apportant les pour et les contre, les enjeux d'une union basée sur les bonnes choses, les samedis et les dimanches, les sorties, les bals, les boîtes de nuit faisant partie intégrante de la vie de citadin. On parle de la musique, de mes toiles peintes qu'elle voudrait bien voir. Elle s'attarde sur cette nouvelle comédie musicale en plein boom : Notre Dame de Paris… l'œuvre littéraire de Victor Hugo. Elle est enthousiasmée. Les voix, les chansons... Vient le moment de la séparation ou sans avoir à laisser tomber le masque, je sors indemne de cette discussion brûlante, très enrichissante pour l'avenir ; un lien intéressant. Son numéro de téléphone en poche. Quand elle repart, elle refuse que je la raccompagne, m'explique d'un geste le lieu où elle habite. Elle tend les joues pour mieux apprécier mes bises effleurées, marquées longuement de leur empreinte subjective. Je la regarde s'éloigner du même pas cadencé. Elle ne se retourne pas. Elle s'engouffre sans que je le sache dans mon futur. Tout s'est passé très vite. Les images

restent floues dans mon esprit,
Je retiens cette fascinante expression de son visage,
mais aussi ses moments d'absence ou de réflexion.

Ce n'est pas toujours facile de séduire une femme plus jolie que les autres, surtout pour les hommes habitués à moins. La beauté ne serait-elle pas un leurre ? Stimulé par les échecs, mais étoffé par une nouvelle façon d'observer et d'aborder la femme, je ne perds pas le Nord et je repars retrouver mes pénates sereinement avec la confiance établie du dragueur impénitent, conscient que la chasse aux souris recommençait de plus « Belle. » Comme Esméralda, un air de musique superbe qui me trotte dans la tête :
« Belle », c'est un mot qu'on dirait inventé pour elle « Ho ! Lucifer ! Oh ! Laisse-moi rien qu'une fois, glisser mes doigts… dans les cheveux et la toison »…
Je m'y vois déjà, mais je ne suis ni Quasimodo, ni Frollo, ni Phœbus, ni un acteur. J'ai des airs de musique qui me traversent le cerveau comme une pluie douce. J'entends les trémolos et les oscillations du violon de Nigel Kennedy ; ses vibrants et majestueux mouvements de l'archet mélodieux aux tonalités des quatre saisons de Vivaldi. Le concerto pour homme majeur et libre, impétueux comme un nouvel hymne à l'amour.

Pendant ce temps-là au sommet des sphères gouvernementales, une autre blonde, Garde des sceaux, ministre de la Justice ; Élisabeth Guigou se lance dans une réforme d'un article qui date de quarante années concernant la loi qui favorise l'égal *« accès des femmes et des hommes aux mandats et fonctions »* politiques bien entendu. Des autres femmes on n'en parle pas. C'est signé par Élisabeth Guigou, Jacques Chirac, et Lionel Jospin. C'est étonnant malgré tout, un combat de sénateurs endormis et de députés à moitié réveillés, et pour qu'un mot soit en lecture, ils arrivent à signer et à se mettre d'accord. Une victoire du Garde des Sceaux, une blonde qui gagne pour le droit les femmes ! Ne soyons pas mesquins, elle a fait quelque chose pour les femmes pendant son mandat. On ne va pas lui reprocher !

Les femmes se battent pour accéder aux meilleures fonctions, pour une parité dans la Constitution sans discrimination de sexe. Et bien les hommes, eux aussi augmentent leur pouvoir sexuel et c'est au Canada que le petit diamant bleu apparaît sur le marché : Le Viagra, l'anti-panne érectile. Le remède miracle contre le pénis mort ou mou. L'enjoliveur du pauvre du sexe, le gonfleur de phallus. Un redresseur de quéquettes, l'arme fatale, un revigorant. Il se vend maintenant en France et c'est un cadeau de la science pour les fêtes de fin d'années. Un dépanneur de sexe que beaucoup de femmes à la retraite (côté libido et vice) voient arriver sans grand enthousiasme : il faudra remettre le couvert alors que la table est desservie depuis longtemps. Ce n'est pas malin d'avoir à se faire enfiler à nouveau le membre vigoureux. Mais, ce côté féministe rébarbatif et frileux, c'est quoi ? Une fin de vie ? Un mariage sans rapport, sans homme ? Rien ne changera ou si peu, car pour accepter le médicament, il faut de toute manière être en bonne santé. Si l'on veut faire mourir son homme dans le bonheur, en sachant bien ou en l'ignorant qu'il peut y rester : il suffit d'insister auprès de son docteur pour qu'il essaie ce délicieux diamant bleu mortel. C'est qui fait dire dans un journal du Canada : « enfin, les hommes peuvent mourir heureux… » Mais il y a celles qui malgré tout, craignent que le retour trop triomphant de la virilité de leur cher partenaire devienne une angoisse. En effet, si l'arbre du plaisir recommence ces poussées de sève avec une nouvelle ardeur rien n'interdit d'aller le planter dans une autre candeur fertile féminine.

La jalousie instinctive de la femme reprend le dessus et la reconduit à se protéger contre toute atteinte ou étreinte de ce genre. Alors, elle est bien obligée de s'emboîter le pénis pour éviter que l'époux ou le copain n'aillent jouir avec de plus jeunes femmes, voire moins vertueuses. Voir un septuagénaire se taper une jeunette n'est pas un sacrifice, c'est la loi de l'attirance mutuelle. Alors, il faut bien faire tourner le moulin de nos amours en laissant de côté l'image fainéante d'un sexe ramollie comme l'image « d'un meunier qui dort sur les sacs ». Le diamant bleu, c'est son rôle, mais c'est quand même technique dans les gestes et dans les paroles :
« – prépare-toi ma chéri(e), dans quarante minutes, je suis dans toi… ou elle : chéri(e), tu prends ta pilule avant dix heures après tu sais, je m'endors.

– Ho ! Chéri(e), cela fait un moment que cela dure, existe-t-il une pilule pour que tu débandes ? Ou lui : On a attendu trop longtemps, tu es toute sèche ! Etc. » Bon, on ne va pas critiquer cette avancée scientifique, c'est certain, les plus adroits trouveront le bonheur dans la raideur du laboratoire et le sentiment d'avoir retrouvé la dureté des rapports.

C'est salutaire, l'avenir semble assuré dans le domaine du sexe et des plaisirs. Des inconvénients dus à de divers facteurs peuvent être endigués par des remèdes thérapeutiques. Tant que je ne suis pas victime d'un priapisme, il n'y a rien à redouter de malheureux à l'horizon.

Une fois entré dans la maison, je m'assois, un peu interloqué, comme ma consigne personnelle est de garder tous mes contacts, je compte bien prendre le temps qu'il faut pour séduire cette charmante blonde. Je m'étonne qu'une nana de ce niveau ne soit pas prise au collier et tenue en laisse par un mec. Ni timide ni timorée sur certaines questions. On peut se promener avec elle, ce n'est pas moi qu'on regardera. « Super nana, super nana… Chante Michel Jonasz ». C'est ma chanson fétiche du moment et ce tube tombe à pic !

Pour ne pas précipiter l'évènement, je retarde le prochain rendez-vous à la fin de semaine prochaine en laissant croire à une obligation dont je ne pouvais pas passer outre : la garde de mon fils. Un coup de fil pour voir l'effet causé par notre petite entrevue.

– Tout baigne ! Elle me donne son point de vue sur les relations de couple et sur sa façon de les conduire et puis dans la conversation, elle me parle de ses craintes vis-à-vis du sida et des ravages occasionnés, et le besoin de se sauvegarder de toutes contaminations. – Bien sûr ! Pat, bien sûr ; je suis paré à te montrer ma patte blanche et qu'un dépistage me semble sans équivoque. ! » Pat me le recommande expressément.

En tout bien tout honneur, je dois faire un tour chez mon cher toubib qui en l'occurrence est une femme, pour qu'elle me prescrive une ordonnance pour analyser. Ce n'est pas une grande démarche, mais qui en dit un peu plus sur les intentions de mon interlocutrice ? Est-ce un aveu de bon augure ou une légère retenue sur la question du sexe ? Je prends cette affaire au sérieux et quand je raccroche, je compose le numéro de mon docteur pour lui demander une ordonnance.

– C'est évident qu'il faut se méfier avec les personnes à rapports multiples, me dit-elle, ce n'est pas ton cas, je pense… passe demain, je t'en ferais une.

Des rapports multiples ? Elle parle des miens ou de ceux de ces femmes que je fréquente ? Je suis persuadé que mon praticien a des doutes sur mes histoires de sexe et sur mes agissements. Je suis même à me demander si les relations précédentes ne seraient pas ambiguës de ce côté, vraiment pas claires, pas si saines. Si le doute s'installe après ma conversation téléphonique, je suis un peu consterné, mais serein. J'ai hâte de savoir le résultat du test de séropositivité. Je ne pourrais aimer sans aucune contradiction ni contre-indication, en ce qui me concerne évidemment.

Bon! mais il est vrai que parfois il est épuisant le parcours vers le coït. Ce n'est pas parce qu'elles ne sont pas amoureuses mais c'est parce qu'elles n'ont pas envie de le faire. Quand un homme veut ou propose de faire l'amour les femmes ont toutes des excuses identiques : Ce n'est souvent pas le moment, les excuses fusent, les microbes, les virus, les mycoses, les maux de tête, les règles, les enfants, et souvent le travail. Bref, après on compte les points gagnés, c'est pire que le casino, on avance du fric et on n'est jamais sûr d'être remboursé de ce que l'on a payé. Dans tout cela, le pauvre gars, il trinque de frustration en frustration et il n'a plus la trique. Il se retrouve un beau matin au bord de l'eau en train de pêcher par dépit, une autre gaule à la main que la sienne, dans une sérénité toute relative.
Mais, il faut savoir qu'un jour, on lui reprochera de n'être jamais à la maison (d'aller à la pêche). On le quittera pour cette raison puisqu'il faut en trouver une bonne face aux juges matrimoniaux.
La dignité sera sauve.

Pour moi, Pat paraît être une personne sensible et très équilibrée mais, frondeuse de premier abord, fondamentaliste dans ses choix. Il semble que rien ne puisse la faire écarter de certaines idées reçues. Je sens paradoxalement quelque chose d'étriqué et un manque de sincérité. Pat se protège moralement, physiquement et sexuellement. En ce qui me concerne, je trouve que le romanesque, le passionnel est loin de s'inscrire dans mon cerveau avec elle. Et je penche vers une approche plus sommaire, plus effacée que d'habitude.

Je lui joue le rôle du père attendri, divorcé et galérien de la vie (et c'est vrai). Et çà marche, j'en profite pour retarder encore une fois de quelques jours notre sortie au restaurant. Ma liberté doit être assurée !

Je choisis de m'éclater ce vendredi dans mon dancing préféré avant de succomber au charme ravageur de cette blonde incendiaire. Un feu plus facile à étouffer à mon goût. Moins fatale que je le pensais en somme !

Quand je dépose mon manteau au vestiaire, je repère les blondes qui sont installées aux tables en train de se payer un début de « pied de grue ». Pat n'est pas présente comme elle me l'avait fait pressentir. Je remarque qu'elle aurait pu mentir, mais elle ne l'a pas fait. Je pense que la confiance ne règne pas entre nous mais, que le quartier est libre… Après quelques pas de danse et de bonsoirs en bisous parfumés à la cocotte de comptoir, je reprends mes aises. Je recommence la drague dure, la drogue du célibataire endurci et là messieurs, on ne risque pas l'overdose, c'est peu euphorisant, ce n'est pas vraiment l'effet souhaité. Des habituées du bastringue, des désespérées et des mots… des mains qui se baladent pour donner une chance à chacune, histoire de ne pas rentrer bredouilles au petit matin. Mais d'en faire une comparaison avec Pat, il n'y a pas de photo. Elles peuvent raccrocher leurs affaires, elles ne font pas le poids, si c'est que dans les mensurations de leurs tailles trop épaisses.

Je suis profondément déçu, moi qui pensais continuer cette chevauchée gaillarde et grisante du tombeur éblouissant, je suis un peu perdu comme un chasseur sans gibier et c'est au bar que je vais me refaire une santé de bourlingueur déconnant. Je commande une bière brune et quand je me retourne vers la salle, Cat est derrière moi et m'embrasse à la sauvette en riant.

– Salut ! Toi le mec

– Salut ! Toi la chauffeuse ! Je réplique tout content qu'elle soit présente.

– Je dis bonjour ! Je reviens…

Quand, elle revient au bar, je lui offre un verre, elle se colle à moi. On discute de la semaine passée, elle rit de ses déboires avec le camion.

– Je suis crevée ! Mais, j'ai dormi jusqu'à midi, là, j'ai la forme ! Viens, on va danser.

– OK, ma chère Cat

On s'aperçoit que l'on s'accorde merveilleusement bien, et c'est les yeux dans les yeux, et la main dans la main que l'on termine chaque série.

On dépasse tranquillement les stades de l'amitié à ceux de la tendresse, on est vraiment bien ensemble, cela se ressent, il n'y a pas de tricherie, c'est évident pour tous les deux. Elle est grande, mince, des pommettes dessinées par des virgules et qui accentuent son sourire engageant. C'est une petite merveille de la franchise. Toujours le même tailleur qui lui va si bien et les hauts talons qui lui donnent un galbe saisissant. Ses bras m'entourent comme un cerceau autour de mon cou pendant que ses doigts se glissent dans mes cheveux frôlant ma nuque avec douceur. Je réponds avec autant de coquinerie en glissant ma main, le long de sa taille sous la veste. Je caresse sa peau chaude à travers son chemisier satiné.

J'en redemande et comme rien ne nous gêne, la soirée se prolonge en bisous furtifs comme si nous ne voulions pas être dérangés ni montrer à ce petit monde de la nuit un gramme de notre complicité. Un accord tacite, implicite garde nos émois, il est impératif de ne rien partager avec cette basse — cour. Se démarquer des exhibitionnistes de tous poils, ceux qui, à grand coup de léchages buccaux et de roulés de galoches baveuses sans préjugés ni pudeur tournoient sur la piste comme des otaries en chaleur. Vers la fin de la nuit, l'air en devient malsain et des odeurs piquantes, poissonneuses et hypodermiques flottent dans la salle ; des exhalaisons tenaces mêlant la tabagie passive et froide avec les vapeurs d'alcool. Elles remplacent fortement les mélanges parfumés du début de ces soirées froufroutantes, embaumées, débordantes de toute une affluence de danseurs exaltés.

Cat et moi, on reste dans un confort ravissant allégé pour pimenter l'affaire de quelques bisous en cache — cache. La sagesse l'emporte et je ne pense pas aller plus loin. Le but pour tous les deux c'est donner une image amicale, afin de préserver nos chances pour plus tard, en cas d'échec dans la poursuite de notre connivence toute neuve. Un petit malentendu a failli faire basculer cette gentillette harmonie. L'aire de la communication s'ouvre au monde des particuliers. Le téléphone portable entre dans les foyers allégrement en étant à la portée de toutes les bourses et remplace maintenant les « Tam-tams. » Je suis tombé dedans ! L'inconvénient, c'est leur forme et leur poids. Il est plus facile de l'attacher à une ceinture que de le glisser au fond d'une poche. Mais je n'aime pas jouer les pistoleros, prêt à dégainer de chez Telecom. Cat se faisant plus pressante dans les slows, redressa la tête d'un coup, s'écarta et je pus voir son regard étonné. J'ai compris la méprise de suite et il a bien fallu que je m'explique en lui sortant l'objet de ma poche, pris en flagrant délit de fausse érection spontanée.
– Eh ! C'est pour mieux sentir le vibreur : si mon fils qui est à la maison m'appelle… Et c'est vrai !
 Puis coquine…
– Dommage ! Elle se mit à rire.

Ce renflement perceptible dans la poche de mon pantalon, je me le trimbale, honni celle qui mal y pense : c'est le lien entre mon fils et moi, alors rien à cacher, tant pis pour les voyeuses du bas de mon froc. Je les fais baver de tous leurs fantasmes. Je me sens en grande forme, prêt pour des joutes libertines. L'avantage du portable, c'est que l'endroit où vous vous trouvez ne peut être localisé et par conclusion, il y a davantage de cocus !

Donc, faire l'amour aujourd'hui n'est pas un acte facile. Cela comprend d'être là au bon moment, de faire diligence, d'évaluer la prise de risque, en oubliant les stress dus à la circulation routière et même de votre propre circulation sanguine, du travail, des émotions qui en découlent. Et surtout de la façon d'aborder en définitive l'acte sexuel lui-même. Si tous les critères sont rassemblés pour une bonne osmose avec votre partenaire, vous n'êtes pas encore sûr qu'elle puisse accepter de vous recevoir dans son écrin. Si en plus vous vous posez des questions, vous n'êtes pas sorti et pas du tout sûr de rentrer dans cette intimité tant convoitée.

– Je te raccompagne ? M'entends-je dire à Cat ?

– Je ne sais pas.

– Tu sais, rien que pour boire un verre, je n'ai pas envie de te quitter ! J'ai mon air d'enfant gâté.

Elle réfléchit, elle regarde ailleurs, elle gagne du temps.

– Si l'on part de suite, tu iras au lit de bonne heure…

– Au lit ? Tu sais, j'habite dans un bungalow, dans la descente vers la Moselle… Attends, j'ai souvent peur de rentrer… Mais ton fils ?

– Ne t'inquiète pas, il dort. Je lui presse la main un peu plus fortement pour la rassurer.

– Bon, mais du rapide. On s'en va de suite ?

La salle se vide et la soirée se termine, quand je la rejoins dehors. Il fait très froid, mais pas de vent. Une couche de gelée blanche recouvre les champs autour du dancing et un clair de lune inonde ce paysage nocturne. Elle m'attend, un peu grelottante, recouverte d'un manteau en peau.

Je dois la suivre, elle me montre la route, mais je connais déjà cette route et au bout de quelques minutes, nous rentrons dans un chemin à droite à demi carrossable. Dans le fond, un bungalow aux couleurs jaunes et orangées sans éclairage extérieur : C'est la nature, la pénombre. Je pense à une espèce de garçonnière pour fille où elle prend l'habitude de cacher ses amours, éloignés des problèmes familiaux et des suspicions malheureuses. Mais aussi pour garder une sorte d'indépendance et de liberté vis-à-vis de son fils, qui à ces dires, habite tout près.

J'ouvre grand les yeux, pour ne pas tomber dans un invisible fossé.

– Ne fais pas gaffe, c'est un peu le bordel (il me semble avoir déjà entendu ce genre de phrases quelque part) et je ne suis pas dérangé outre mesure par cette excuse avant la lettre.

Je mens au plus près de la vérité :

– Chez tout le monde, c'est pareil ! Je ne viens pas pour la poussière ni les toiles d'araignée ! » Que là, encore je suis d'une mauvaise foi particulièrement dissimulée ! Je ne vois rien de soupçonneux dans ses yeux aux couleurs d'amande et je suis sans calcul. Alors j'ouvre et je rentre avec elle, dans son univers, son quotidien. J'ai dû prendre cet air étonné de celui qui découvre un décor époustouflant et désopilant. Idem qu'avec Francine l'espace n'est guère plus reluisant. C'est à croire que je les choisis sur le même modèle. La vaisselle, le cendrier et les restes du repas de vielle, bien à leur place, rien n'a bougé, la personne qui a mangé là est partie dès la dernière bouchée comme si le feu avait enflammé la baraque. Impossible d'approcher de la table, de tourner autour, ni de reculer sans marcher sur une chose inattendue telle qu'une trancheuse à jambon, des bocaux et des sacs. Une penderie, des habits et un buffet bancal, rayé de toutes parts. Allez draguer dans des conditions aussi singulières et tard dans la nuit : il faut être fêlé ! Mais, je ne perds pas mon sang froid et je continue à parler d'autre chose. Elle est près de moi un peu en recul et les tentatives pour réduire l'écart sont minces. Elle m'offre un verre, elle toussote, elle fume des cigarettes roulées.

– « Faites à l'avance, quand je sors ! », me dit-elle en tirant une bouffée âcre et voluptueuse.

L'endroit n'a rien de romantique pourtant à pas de loup après avoir avalé la moitié de mon verre de cognac au goût de rapière, je la maintiens tout contre moi ; la meilleure chose c'est qu'elle accepte, qu'elle aille vers le consentement. Je ne peux me permettre une grande attaque de gros chat en rut. Cat est sur ses gardes et elle joue de tous les artifices pour ne pas succomber. Elle a du caractère, elle n'a pas froid aux yeux : les hommes, elle connaît. La pièce est très rétrécie et c'est un avantage. Elle est toujours habillée, le manteau sur les épaules pour se protéger.

On parle de tout et de rien, juste un moyen de retarder le moment de l'acceptation. Elle s'attendrit et elle me demande de m'asseoir, mais je suis parti pour une grande chevauchée et quand elle enlève son manteau, je lui décoche un regard et l'embrasse. Elle reste le bras en l'air pour éviter que je me brûle avec sa clope. Je lui bloque doucement l'autre bras et de l'autre main, je parcours le haut de ces hanches en passant sous le chemisier. Je découvre sa peau satinée, le dos et le haut des fesses et en un clin d'œil, je fais descendre la fermeture éclair de sa jupette qui tombe à ses pieds. Elle vibre.
– J'ai des frissons, c'est le froid ou c'est toi ! me dit-elle en riant et en s'écartant. Elle écrase son mégot dans un cendrier toute me tenant la main.
– Ne te fais pas de bile, c'est moi.

– Alors, viens par là ! Elle me tient toujours la main et déjà la peur me tenaille. Je ne dois pas la décevoir, ne pas me retourner sur mes histoires anciennes. Elle a besoin qu'on l'aime et qu'on le lui montre. D'ailleurs, dans les conversations que nous avions eues ensemble, elle le faisait comprendre. – Des hommes j'ai arrêté de les croire, j'ai beaucoup plus d'échecs que de victoires. Alors, il faut en avoir dans le froc, parce que je ne suis pas dupe.

Pendant cet instant, je regrette d'avoir voulu concrétiser trop rapidement. Mais Cat devient agréable, caressante, amoureuse, désirable, elle m'aide à me déshabiller, puis on pénètre dans la chambre. Là, je suis époustouflé d'émerveillement, un vrai petit paradis, une propreté irréprochable. C'est une chambre de midinette, des jolis petits rideaux, de la décoration, un papier peint fleuri du genre art moderne, un vase, des tableaux et même une jolie coiffeuse avec sa glace centrale, un petit chauffage au pétrole. Le contraste est saisissant, on passe de l'intolérable petit taudis à la coquette chambre d'amour. Je suis entre la stupéfaction et l'interrogation.

C'est à croire que le célibat des femmes leur donne une identité médiocre et que la liberté ne leur donne pas l'assurance et l'intégrité comme dans le mariage ou le concubinage. Il leur manque le côté sécurisant et épanouissant de la relation de couple. Qu'on pense autrement, cela ne me dérange pas, mais le constat est flagrant. Soit, elles vivent dans un chic rare, selon leur moyen et leur budget, soit, elles méprisent tout ce qui représente l'union ou l'alliance, elles se marginalisent. Alors, pour ne pas perdre leur dignité, elles aménagent le douillet espace de leur vie dans un isolement cher et précieux. L'homme célibataire aussi est en commune mesure dans le même état d'esprit. Surtout par manque de repères dans la conduite du ménage, il s'organise un terrain de jeu à sa convenance. Par exemple un atelier pour le bricolage ou un billard, un bureau. La femme, elle a une chambre de poupées et de peluches, un jardin avec des fleurs. Ni l'un ni l'autre n'a envie de se taper des corvées. Pour manger, un coin de table suffit, la moindre vaisselle, le lavage sont du temps pris sur son temps libre.

Cat ne déroge pas à la règle et elle me fait comprendre son point de vue.

– Il fait froid, me dit-elle en ouvrant les draps, et en frissonnant. Je garde mon dernier rempart et je me jette dans le lit en même temps qu'elle, pour la réchauffer. Nous sommes enlacés rapidement comme des lianes autour d'un baobab. Elle a une plastique admirable et je suis excité, je fais sauter les élastiques : elle est nue et je remarque ses beaux seins. Ils sont refaits et tendus. Une nouvelle fois, c'est encore Silicone Valley, je suis un peu déçu, mais je trouve que cela lui va bien. C'est à la fois coquin et mesquin.

Je ne lui en parle pas, je fais silence, ce n'est sûrement pas le moment de faire la revue technique de la chirurgie. Je ne veux rien lui reprocher.

Elle me dit tout bas des mots que je ne comprends pas et je me laisse glisser en elle. Je harcèle tous ses sens, elle est sensuelle, ses mains de camionneur font merveille. Elle est ardente et hardie comme ses deux tétons arrogants. Elle prend le chemin pour Cythère. Elle me boit mes sens, elle me mange, elle exulte dans une jouissance exacerbée, elle prend de la hauteur, de son envol, de son envie, je l'accompagne avec une sensibilité au creux des reins, une expulsion heureuse. Elle dégage un érotisme fulgurant.

Quand elle retrouve la phase descendante du plateau, elle m'embrasse plusieurs fois d'affilée sans reprendre l'air et déjà l'annonce d'une prochaine érection se manifeste. Un désir de reprendre de plus belle notre étreinte. Elle sourit et se lève, je l'entends remuer dans l'étroite salle de bain. Elle revient en courant, elle se blottit contre moi, elle se faufile, elle m'offre le grand estuaire de son fleuve agité et j'y laisse pénétrer le submersible plongeur du bonheur en ouvrant des vannes du plaisir.

Un instant, on s'endort l'un contre l'autre comme de vieux amants, les sexes reposés et assouvis. J'ai laissé ma main près de sa grotte enchantée.

– Je suis crevée… Murmure-t-elle ?

– Moi aussi. Mais, dis-moi ? Tu n'as pas peur de rester seule dans ce coin peu fréquenté !

– Non, je sais me défendre…

– Mais, comment te défendre ?

– J'ai des arguments pour te convaincre.

– Tu as fait du judo ? Ou du karaté ? Je ricane.

Elle se met à rire : – avec moi, tu risques ta vie heureusement que tu as été sympa.

– Ça veut dire quoi ?

– J'ai de quoi te faire débander ! Regarde ! Elle se tourne sur le côté et en une fraction de seconde, elle sort de dessous le lit, un fusil à canon scié et me braque l'objet sous le nez.

– Maintenant tu sors d'ici, sinon je crie au viol. Tu es foutu. Elle s'exprime comme une pétroleuse. Elle me fixe droit dans les yeux.

– Mais, il faut payer la facture, tu mets ton portefeuille sur la table de nuit, à côté de toi. Tu prends tes fringues, ensuite tu dégages d'ici au plus vite ! Tu t'habilleras dehors !
Elle plante un genou sur le lit.
– À quoi joues-tu ?
Elle se penche en arrière et sort à nouveau, un 22 long rifle. Elle a un regard glacial, méprisant.
_ Tu vois, j'ai deux armes, et elles sont chargées, prêtes à abattre le salaud qui pose les mains sur moi.
– Mais tu as été consentante…
– Justement, c'est une erreur qu'il faut corriger.

J'ai la gueule noire du fusil devant moi et j'ai les idées qui s'évanouissent. Est-ce que cela se passe à chaque fois pareillement ? Le mec à qui çà arrive (marié ou en relation) ne va pas se vanter le lendemain surtout dans cette position désagréable. Qui pourrait croire à cette mésaventure ? Moi, je n'ai rien à défendre, pas même ma réputation. Je ne voulais surtout pas revenir à poil chez moi et c'est surtout cela que je veux éviter.

Je recule donc un peu, elle me suit des yeux, et l'arme me suit. Je m'extirpe tant bien que mal des draps et je pense à fuir. Elle baisse son arme. Elle a un sourire ; mais je me méfie. Je cherche mes fringues au pied du lit. Je suis en alerte malgré la fatigue. J'ai failli me coincer le prépuce dans ma fermeture éclair. L'instant devient une éternité, je suis épuisé. Quand je suis debout devant, elle pose l'arme et me saute au cou.

– Tu y as cru, allons ! Tu vois... je sais que même avec la peur, je ferais çà.
– Et pour le portefeuille ?

– C'est pour rire, tu penses que je suis une femme qu'on paye. Mais non…

– Merci pour le théâtre, mais je savais plus où j'étais, des blagues du genre, c'est une première.

– Allez maintenant, tu rentres, tu m'as tué

– Je ne suis pas mort, mais je l'ai frôlé de prés. Merci pour la leçon de combat. Je sais que je peux te quitter sans arrière-pensée.

– C'est le chasseur chassé, je tiens à me reposer, tu téléphones quand tu veux.

Quand, la porte du bungalow s'entrebâille en grinçant, le vent s'y engouffre et le froid me raidit, elle m'embrasse

– C'était bien… bon retour. Elle me regarde partir, elle est enveloppée dans sa robe de chambre, soudain, elle a changé d'allure, elle est fragile presque décomposée. La virago, camionneuse, chauffeur de gros cylindres, a levé le pied !

C'est un changement de lumière qui éclaire ce matin gris bleu dans un paysage de givre et de blancheur naturelle, pris dans l'intemporel instant. Je monte dans ma voiture frigorifiée. Un petit signe et le retour vers d'autres nuits dantesques.

Je suis galvanisé, malgré cette parodie de tir au pigeon, je me dis que c'est elle qui vient de passer à la casserole. Elle a été magnifique dans ce jeu de rôle, elle a voulu cacher sûrement des promesses qu'elle n'a pas pu tenir. Elle avait refusé jusque là de tomber dans le piège de la tendresse émouvante, de l'érotisme débordant, de la sensibilité, de la sensualité. « Cacher son naturel et celui-ci revient au grand galop. » Moi, au fond je ressens de la compassion pour cette femme. Du désordre sentimental en divers désordres ménagers, j'ai utilisé mes armes les plus redoutables depuis longtemps enfermées dans leur vitrine cadenassée : ma mitraille ce sont les mots, les paroles, ceux que les femmes aiment entendre avec cette voix lourde, virile rassurante et souvent « pénétrante », pleine de charme pareil à celle d'un crooner sur le retour. Une arme de dissuasion souterraine, une bombe à retardement perçant l'âme et les entrailles : les mots d'amour simples, mais touchants avec un doigt de maladresse pour les dire. Un brin d'humour et de tendresse. La pureté : c'est qu'on y croit, et que l'on est seul au monde, que l'acte de fin dans cette scène d'amour, on le joue sans tricher, sans équivoque. C'est de la super improvisation. C'est cérébral.

La Rochefoucauld disait dans ces « *Réflexions ou sentences et maximes* » : il y a des gens qui n'auraient jamais été amoureux, s'ils n'avaient pas entendu parler de l'amour… très pessimiste, mais bien nuancé dans l'état actuel des relations des couples.

Le désir, le lyrisme, la peau et les phéromones les caresses, tout cela contribue à une entente parfaite et sensorielle. Je pense que j'étais sincère avec elle et de son côté, c'était itou. Curieusement, je la sens un peu pommée, mais avec les pieds soudés à terre et armés si j'ose dire. Je savais déjà que l'histoire ne perdurerait pas. Malheureusement, on flaire la situation, on fait les comptes du pour et du contre, à l'addition, on se soustrait, on sait que cela divise, on sait qu'on ne multipliera pas ces bouffées intenses de bonheur. On doit prendre un chemin, différent, c'est intangible et si on le fait ce doit être sans retour. Sinon on se demande comment vivre ou penser l'avenir dans le cas ou l'on aurait « tiré » le gros lot.

La métaphysique déroulante de deux corps ne peut pas à elle seule nous faire créer des perspectives ambitieuses pour un proche destin. De conversations, en échanges, j'ai beaucoup appris sur les femmes à leur contact. Je crois que la meilleure façon de les conquérir, c'est de connaître le plus de choses sur elles. Je me fais depuis quelque temps un devoir d'être à l'écoute plutôt que de draguer insolemment. Leur comportement, leurs envies et leurs fantasmes, le moindre sous-entendu est interprété, analysé, disséqué, je n'en perds pas une miette.

On pourrait baser éventuellement une relation de couple en indexant le quotient intellectuel de chacun ou la somme des connaissances générales. Mais aussi sur la richesse d'imagination, ce qui rend plus convenable cette sélection inconsciente dans chaque esprit.

Banaliser une union est un échec, préparant forcément à l'isolement des partenaires. Cela se détermine souvent par une recherche d'ébats extraconjugaux et d'échangisme, voire de partenaires multiples en accord et consentement. On connaît très peu les pourcentages de déchets accumulés dans les cas le plus assidus à ce genre de perversité de « four voyeur » même assortie d'un pardon mutuel. Certains vous diront que ces expériences sexuelles ont sauvé leur couple du naufrage. La recette ne serait alors que pour vivre bien en amour : bouffons du sexe, une certaine façon peu orthodoxe d'élever la bonne famille. En plus rétrécie pour certains, ce serait de faire la bourre ce qui reviendrait à faire l'amour.. Dans la trousse pour sauterie, les produits essentiels qui vont avec : un godemiché pour la godiche et la pommade aux vertus aphrodisiaques pour le membre bienfaiteur, associé et partageur.

J'ai cette impression de rendre service tel le bon samaritain et je suis grand devant les femmes de bonne volonté, je me fais un devoir de remettre de l'ordre dans leurs idées et dans leur chaire. Le coach, libérateur d'organes endormis, une petite entreprise d'éjaculation, fabricante de bons et loyaux soupirs d'exaltation...

Je rentre chez moi, groggy. Il faut que je reprenne de l'altitude et que je fasse le vide, car ce soir je sors avec Thérèse. : une jolie petite femme Franco – Portugaise aux yeux bleus avec une gentille frimousse à qui j'ai donné un soir, mon numéro de téléphone dans le dancing. On s'est revu en se promettant de faire une sortie ensemble dès que possible et comme mon emploi du temps libre se rétrécissait comme la paye d'un chômeur, j'ai choisi ce soir en évitant de rencontrer d'autres prétendantes couronnées. Je dois la prendre à son domicile et ensuite aller danser dans un endroit peu fréquenté par les dernières. Si bien, les choses vont bon train et bonne mine. Je jubile d'avance en pensant pouvoir me mettre une nouvelle cocotte dans ma marmite. Je me prépare à le faire en parfait gentleman.

Je joue au chat et avec les souris, mais dans le sens opposé, c'est-à-dire que je chasse, avec un appétit de plus en plus vorace en évitant de croiser mes futures et anciennes victimes. Je suis en train de me faire les griffes et me lécher les moustaches d'un œil à demi — clos comme un bon et gentil matou endormi. Ma queue se balance et se redresse prête aux joutes animales. Je ne me suis pas endormi dans un ronronnement de satisfaction : je suis aux aguets. J'avance avec des pattes de félin, velours dans les coussinets et le poil brillant. Il est temps de goûter aux plaisirs de la vie.

Thérèse est brune, avec un bronzage perpétuel, une peau un peu couleur café plus qu'allégée, mais un visage parfait, elle est petite, mais bien équilibrée de la tête au pied. Une jolie poupée un peu égratignée et les lunettes qu'elle porte lui donnent un air de fille de bureau, secrétaire de direction, plutôt que celui du portrait d'une mère de famille accomplie.

Quand, elle monte dans ma voiture en s'assoyant sur le siège passager, je reçois la photo de ses superbes jambes sortant d'une minijupe très ajustée : un plaisir pour les yeux.. Elle m'embrasse d'un baiser, velouté, posé et frémissant. Je démarre à regret en tournant la clé de contact : j'ai déjà envie d'elle. Mais, j'ai conscience qu'il ne faut pas qu'elle lise dans mes pensées. Que tout pourrait casser là ! Accroché à cette peur, à cette malédiction, celle de la perdre, fidèle à mon habitude, je fais l'indifférent, mais en lui donnant cette impression furtive d'être très attentif.

Elle a des enfants, divorcée d'un mari alcoolique : la liste des femmes dans ce cas et qui recherche une nouvelle vie devient non exhaustive dans mon esprit et je transforme cet état de crise comme un fléau social. Convaincu que le pourcentage de cas pourrait être plus élevé si certaines victimes prenaient le courage de dire la vérité sur leur séparation. Je ne vais pas juger, mais l'imposture est gratuite. Comme bien souvent il est dit que : « lorsque l'on veut se débarrasser de son chien, on dit qu'il a la rage ». À l'entendre de la bouche de ses oies blanches, l'homme serait plus attaché à la dive bouteille qu'à leur dulcinée. Cela ne tient pas debout (même quand on ne boit pas.)

Elle me raconte des bribes de sa vie de couple, sans grandeur, sans éclat. Un homme, le père des enfants, il lui faut l'oublier, c'était une erreur. La femme ne se retire-t-elle donc pas de l'homme et de ses frasques pour d'autres motifs ? Les difficultés de dialogue, les reproches, les obligations du plumard finalisées de foireuses soirées de négoce pour n'obtenir que des rapports tristes ne sont pas faites pour les rapprocher. Les frustrations sexuelles ne seraient que féminines et l'homme ne serait qu'un géniteur à défauts multiples. Que fait-on des frigides, des vénales, des nymphomanes, des femmes-fontaines, des comédiennes sur le divan, des allumeuses, des volages, des salopes et des putes ? Pendant qu'elle me parle par petits morceaux, sans grands détails, je conduis, ma vie et ma voiture, j'entasse les débris de sa vie cassée. J'essaie de les rassembler pour construire le puzzle du personnage et tracer dans mon esprit, les traits marquants de son caractère.

Mes pensées débordent du sujet, je crée mon futur avec ou sans elle.

Certes, certaines sont battues et soumises, mais dans l'ensemble de la population, ce n'est pas si catastrophique dans les amours et les ménages. Mais, mais, attention aux manipulations embryogéniques, attention aux scientifiques passionnels, des virtuoses de la paillette, de spermatozoïdes congelés. Un pogrome de l'amour sentimental, sexuel, de la sensualité, une perdition des sens amoureux, serait un désastre. Il serait remplacé par la culpabilité afférente à la perfection matérielle, à la matérialisation, à la robotique humaine, terrienne. Le pire serait d'aller vers une égalisation de la pensée des couches sociales les plus réprimées et opprimées à l'avantage de castes les plus intelligentes et les plus prolifiques. Le marché mondial serait ouvert aux plus grands objecteurs de conscience de toute l'histoire de l'humanité agissant en toute légalité et impunément. Une grande partie de la planète serait sur joug des plus grands gourous capitalistes agissant dans un sectarisme médiatique et reconnu. Ce qui impliquerait une nouvelle donnée mondiale et mettrait à terre les anciennes et éminentes théories philosophiques. C'est global, mais qu'importe, nul penseur ne doit s'esquiver et c'est encore la chose que l'on ne peut pas nous empêcher de faire. Ceci en excluant l'absorption de tous hallucinogènes ou autres molécules aux noms barbares : Barbituriques, hypnotiques, narcotiques, anesthésiants, etc. Après la notion de prototype physique idéale dans cette société, viendrait-on à l'égalisation de la pensée ? Une normalisation nasillarde ?

La position de l'homme et de la femme dans une société avant-gardiste, contemporaine de cette aire technologique et scientifique doit rester dans la même configuration. De la même envie d'aimer et surtout une folle détermination invariablement optimiste de ne lâcher du lest sous aucun prétexte sur les choses de l'amour. Une guerre silencieuse s'installe entre hommes et femmes en alcôve dans les endroits publics, dans les maisons, dans les chambres, les banlieues, les villes, les campagnes, on se cherche et l'on se déchire. Alors que tout ne devrait être fait que de pleins de concessions.

On va bientôt regretter, « la belle époque, les années folles, les trente glorieuses, le baby-boom, les roses de la Saint-Valentin, le Kâma-Sûtra et le tantrisme.

Tout s'enfuit dans les méandres de l'autoritarisme flou des maniaques de la phrase confuse et surfaite : de ces politiciens on s'en passerait bien, mais qui prendra la place pour faire le travail ? Je les laisse à leurs convictions républicaines et leurs narcissismes calculés. La pensée moderne n'appartient qu'au peuple et non à la rafale des réformes, des lois éditées par des chaperons mesquins. Alors paix d'amour aux hommes de bonne volonté.

La paix, je la cherche à travers les yeux bleus de Thérèse et le parfum de fleurs qu'elle dégage. Je suis enivré de toute cette ambiance propice à une bonne soirée. Coutumier aux bonnes manières, je lui prends son manteau pour le mettre au vestiaire, elle s'en étonne. Elle a une taille de guêpe et un mignon petit bustier vert qui lui sied à merveille. Elle me croit pompeux, mais je lui cite Sacha Guitry :   « *Je suis contre les femmes... tout contre* » et c'est bien ce qui m'arrive en ce moment. J'ai un besoin énorme d'elles et de leur présence, mais aussi qu'elles soient discrètes et même secrètes. Leur litanie sur les hommes, leurs idées reçues sur le sujet, je n'ai pas envie de les entendre. Je ne pense pas détester les femmes. J'ai surtout envie de les prendre pour qu'elles me prennent en retour. Je m'oblige à respecter une certaine thérapie. Une gymnastique de comportement qui ressemble à une vengeance inconsciemment enfouie. Comme si j'avais la peur d'être rejeté à nouveau par celles-ci. Le divorce est une sorte de deuil. La mort par abandon, la fin de l'acceptation de l'autre. Celui ou celle qui part détient le pouvoir sur l'autre de créer la fin d'un couple comme d'un roman inachevé. Car l'histoire est écrite, elle le restera jusqu'« à la disparition des acteurs.

On dira plus tard : "elle a vécu avec lui pendant des années ou ils se sont mariés tel jour... la petite est née..."

Après m'être mis l'eau à la bouche, je prends du recul, car bien souvent c'est quand on est accompagné que les souris un peu larguées sortent de leur grenier. Histoire de foutre la merde, elles viennent narguer l'indécente pour nuire à sa réputation. Donc, je m'éloigne un peu pour rassurer les infortunées du soir. Je suis le matou de service dans une salle que je ne connais pas et où la gent féminine ne manque pas. Mon coup d'œil circulaire ferait pleurer les caméléons, et mon regard ténébreux fait des chavirements dans les cœurs. C'est normal, je suis un nouveau dans la basse cour. Les sourires sont affichés et Thérèse compte les points en serrant un peu les dents. Une façon parmi tant d'autres de la faire bouillir et mousser dans sa lessive. Cela se voit, elle perd un peu pied et pour finir, elle accepte de danser avec un individu qui s'incline devant elle. Nul n'a besoin de permission comme me le demande cet homme valeureux.

– Pas de problème ! Je lui réponds en souriant.

Je ne cherche pas à danser, ce serait idiot de tomber dans son jeu et je me retrouve au bar avec la ferme intention de boire un verre laissant venir la suite. Tardif de la maturité, je suis tout de même un peu inquiet des évènements. Je garde la confiance en ma souris qui est appâtée. Je prends un air stoïque et paternel quand elle se réfugie vers moi après avoir gambillé.

– Il m'offre un pont d'or à la première danse… C'est incroyable ! me dit-elle.

– C'est çà le coup de foudre, je ris

– Toi, tu fais çà aussi ?

– Non, je demande à la fille si elle a une dot, après je vois si je peux partager…

– À moi ! Tu n'as rien dit.

– Toi, ce n'est pas pareil : tu n'as pas de dot, mais tu as la côte !

 – T'es dingue !

– Les fous ont aussi leurs illusions…

– Tu ne danses pas ?

– Oh ! Si tu veux.

– OK, me répond-elle, en me suivant ?

Le pire sûrement, c'est de danser avec une petite nana. Il faut s'incliner vers elle pour mieux la tenir et le dos ne résiste pas longtemps ou alors on s'oblige à se mettre droit comme un Garde impérial et vous mangez une salade de cheveux au sébum et laque mélangé de votre partenaire. Dans les deux cas, ce n'est pas facile et je décide d'un juste milieu pour mieux la sentir. Si bien que par moment, elle touche à peine le sol, mais on s'en sort par quelques pirouettes de bon sens. Le paso doble c'est mon numéro préféré, les pas croisés et glissants du toréador dans l'arène aux trémolos de la trompette, çà me stimule avec entrain. La musique adoucit les mœurs et rapproche les cœurs. Thérèse est souvent à contretemps et cela m'agace. L'expression du corps lié à la danse se transforme en une torture très désagréable des muscles fessiers. Impossible de créer une chorégraphie même la plus simple. Pour les figures libres de danse pro, il faut repasser, c'est plutôt la danse des ours en patinage artistique.

Je fais comme je peux et elle aussi, mais on se fatigue rapidement. Je ne souhaite plus alors que de trouver une place assise et de me tirer les abattis.

Et là, je vois arriver à notre table un homme assez jeune, corpulent et qui embrasse familièrement Thérèse. Elle me le présente : c'est son frère. L'air un peu craintif et peu souriant, il parlemente avec sa sœur en m'ignorant. Énigmatique, il repart au fond de la salle. C'est dans cet endroit obscur que se rassemblent les pauvres sans amours.

Thérèse, m'explique : il a divorcé comme elle et il fait des dépressions, il essaie de s'en sortir. Que faire ?

Je n'allais pas faire de la philosophie, je la comprends, mais si toute la famille regorge de problèmes, c'est une autre affaire ? Ce n'est pas une bonne chose de marcher sur un terrain miné, en pleine nuit. Il revient plusieurs fois auprès de sa sœur et s'installe dans une discussion avec elle qui pourrait avoir lieu ailleurs que dans un bal.
Cela me permet de remettre mon dos en place et de mater en douce. J'ai repéré, mais je baigne dans cette perspective que mon amie Thérèse soit plus douée pour les ébats que pour la danse. La conversation avec elle est très difficile, elle ne répond pas à toutes les questions ou elle reste muette, pusillanime dans ses propos comme si elle avait du mal à assimiler les jeux de mots ou les phrases un peu poussées sur la connerie. Elle ouvre ses grands yeux bleus en signe d'impuissance mentale et elle sourit soucieusement.

Au moment de sortir de la salle, je me cogne contre son frère qui attend l'air abattu. Il me révèle sa timidité et son embarras pour draguer une femme.
– Je ne comprends pas, j'ai peur que cela ne marche pas

– C'est comme les chiens, elles le sentent, tu sais. J'en rajoute une couche — il faut foncer dedans.

– C'est facile à dire moi, je n'ai connu qu'une femme depuis tout gosse, et elle m'a largué avec les enfants.

– Il n'a pas le moral, enchaîne Thérèse

Je pense déjà au retour, ce cher frère qui s'appelle Emilio, allait me casser mon plan et je commence à le prendre en grippe pour cause, il n'a pas de voiture, et il me cramponne avec ses histoires insolubles et imbuvables. Mais au dernier moment, il me serre la main et heureusement, repart avec des copains.

Ouf! Il me laisse entre les mains, la vie de la cadette chérie. Je n'attends pas plus de sa part. Il n'est ni menaçant ni conciliant, il est louche avec son accoutrement de "voleur de bicyclette". Ces yeux sont sombres comme deux couloirs de métro.

Le dernier slow, je tire Thérèse pour échapper à la poisse. "Con te partirons" de Andréa Bocelli, un chant mélodieux et nostalgique une mélopée, une déchirure, une souffrance, une douleur, une liquéfaction des tripes. C'est le vague à l'âme, une chanson simple, du temporel. Un court instant de tendresse et de sentiment, un curieux mélange de tristesse et d'espoir dans chaque pas qui glisse majestueux sur la piste brillante en bois ciré. Thérèse se laisse guider, elle ne peut contrôler mon envie d'espace. Le souffle musical chavire et prolonge les mouvements de chacun de nous. Le nirvana du plus naturel existe.

Revenu à de plus grandes réalités, il faut reprendre le chemin du retour et ramener la belle chez elle. Je guette son frangin, le patibulaire, s'il est dans les parages. Je ne repère que des gens emmitouflés dans leurs parkas et qui se dirigent vers la sortie. Cela me rassure et je file au vestiaire quand je reviens, un homme qui est l'un des premiers danseurs est en train de bloquer Thérèse contre la porte de la sortie. Il tient une canette de bière dans la main et ne semble pas jouir de toutes ses facultés. Elle le connaît, j'en suis sûr, il la tient, une main sur l'épaule. Il tente par tous les moyens de la persuader de le suivre. Je les regarde faire avec les manteaux sur le bras, de loin. Je ne bouge pas. Elle ne semble pas gêner de sa présence, elle le fixe droit dans les yeux. Elle discute en secouant la tête négativement. Rares sont les bagarres dans ce genre de lieu. Mais, je suis méfiant, car je ne connais pas toute cette pléiade de noctambules qui évoluent sur le site. Des descendants de mineurs immigrés parfaitement intégrés, mais ayant une réputation de puncheur et de poivrot de fin de semaine.

Donc, je lorgne, la scène. Je n'avais pas, jusque-là, remarqué les montures énormes des lunettes qui entourent les yeux de Thérèse. L'homme se dandine sur les deux pieds. On dirait un roquet qui vient de découvrir une grenouille et qui tente de s'amuser avec elle. Le bustier vert rajoute le ton de reinette à l'allure de batracien de ma partenaire. Lui semble vouloir me mordre. Les oreilles pointues comme un jeune doberman, il est en équilibre sur les coussinets des pattes arrière. Je m'impatiente, je m'avance, je ne voudrais pas qu'ils me fassent poireauter trop longtemps. Quand je m'approche, le chien de race polonais ou italien me montre ses dents, des vilaines canines jaunies par les cigarettes et des yeux de canidés gardiens de la propriété. En fait, c'est un corniaud de deux têtes de moins que moi. La langue est lourde, mais je comprends le message rapidement. Il aboie comme s'il avait croqué dans un morceau de caramel mou. J'évite son regard de tueur et je tends son manteau d'hiver à ma charmante reinette. L'agressif continue à grogner méchamment dans mon dos. Dans la seconde qui suit, la lumière s'éteint et je vois le firmament de milliers d'étoiles qui explosent, accompagné de cette douleur vive à la pommette. Instinctivement, je fais un pas en avant, défensif, je rallume mon cerveau et ajuste le roquet d'une droite incisive et lourde. Je m'étonne de ce réflexe, j'attends la réponse. Malgré que je me sente touché à la face, j'ai le temps de voir mon adversaire tomber comme un tas de boîtes de conserve dans un chamboule-tout. Déjà, la foule s'amasse et des bras retiennent mes poignets. Ils remettent debout la bête groggy. Chacun à sa place sur le ring en attendant la prochaine reprise. On en reste là et je suis content. Le combat se termine sans plus d'accrocs que des injures dont je ne relève aucun effet sur moi, coulant comme l'eau sur les plumes d'un canard. C'est la deuxième fois de ma vie que je me bats pour une femme pratiquement inconnue de ma personne. La première, je m'en suis sorti avec des bosses et des éraflures pour avoir regardé trop attentivement une superbe nana en minijupe. Son mec avait vu les sourires que nous avions échangés plusieurs fois. Il n'avait pas pu surmonter sa crise de jalousie… Elle l'a quitté le lendemain.

La grenouille est toute tremblante et encore plus verte de peur. Elle a remis son manteau, l'homme menace :

– On se retrouvera ! »

Nous nous éclipsons sans demander le reste, son frère nous tient compagnie jusqu'à la voiture, c'est plus sûr ! On ne sait jamais avec ces molosses hargneux en divagation. La pommette est sensible au toucher et je ressens comme une sorte de brûlure lancinante. Au moment de reprendre le volant en mains, la droite semble douloureuse, mais en état. Je m'en sors bien et je triomphe intérieurement : Thérèse, ma passagère, sera sûrement reconnaissante de ma conduite, et de ma bravoure devant cet évènement inattendu. Moi, je suis le justicier du moment, le gardien, protecteur et paternaliste ! Curieusement, elle reste muette, pendant que je pilote. L'air est glacial et je constate qu'avec la vitre ouverte, je peux rafraîchir mon hématome sur la joue. C'est une bonne chose, car le coup était violent, porté à mon insu, bien ajusté sans parade possible. La nuit est dense, une nuit d'hiver au paysage obscur, décharné. Le parcours me semble très long et Thérèse qui se recroqueville dans le siège est presque emmitouflée. Je devine son regard ombré par le halo aux passages des réverbères qui bordent la route, quand je tourne la tête vers elle. Puis, n'y tenant plus, je m'éclaircis la voix et je la questionne :

– Tu connais cet apôtre ?

Elle se tourne vers moi, puis un petit oui, sort de sa bouche, le ton agacé et timide à la fois, comme si on lui arrachait une vérité honteuse.

– Oui ! Mais encore plus ?

– C'est un ex ! Voilà, il cherche à renouer avec moi, mais je ne veux plus rien savoir alors il se fâche.

– Il en a tapé combien des mecs à la sortie des bals en se fâchant ton boxeur ?

– Tu es le premier, il m'a dit que tu lui as piqué plein de femmes et il t'en veut.
Je tombe des nues, ce quidam me casse la gueule, la baraque et je ne le connais ni d'Adam ni d'Ève. Alors je contourne la conversation, pour éviter que l'on parle de moi, je me disculpe rapidement de la situation et je lui sors une question clé pour ouvrir la suite des évènements.
– C'est ton mari ou c'est qui ?

Elle me coupe ma question.
– C'est après ma séparation, il a été gentil, j'ai cru en lui, mais, il ne me convenait pas, alors je l'ai plaqué, il revient toujours à la charge.
– Et la charge ce soir, il l'avait, ton chien de garde.
– Je sais… et tu l'as frappé quand même, j'espère que cela n'est pas grave. C'est un copain de mon beau-frère, l'ex-mari de ma sœur et de mon ex — mari. Vivant seul, il était souvent invité dans la famille.

C'est vrai quand le ménage bascule, c'est souvent le copain ou la copine, une ou un habitué qui a la porte ouverte dans le cénacle et qui profite de l'occasion pour en tirer les marrons du feu en profitant de la détresse de l'un ou de l'autre. Naturellement, quelques fois cela complique encore plus les problèmes. Par ailleurs, certains sans scrupules n'attendent pas que ce soit en phase de rupture totale. Autant laisser entrer le loup dans la bergerie sans méfiance, pour se faire dévorer un jour ou l'autre. Heureusement que d'autres amis de la famille plus respectueux de ces valeurs ne jouent pas à ce jeu-là. On sait trop et il faut bien le savoir que le cocu est toujours le dernier averti. Alors vlan ! Pour l'orgueil, c'est plus dégradant de s'apercevoir que d'autres connaissaient la tromperie bien avant le trompé. Sur ce plan, la femme et l'homme sont à égalité.
Je suis pensif et excédé pendant que je reconstitue les morceaux de cette famille. Ce n'est pas mon fort. Et comment peut-elle me reprocher de mettre une banane à son ex dans un pur acte de légitime défense ? Je reprends mes esprits. C'est dans ces moments-là que je suis incapable de comprendre les femmes, leurs pensées extrêmes. Elles m'embrouillent les méninges, en me réduisant au simple dénominateur, de cette fraction d'intelligence qui étincelle dans leurs yeux. Je perds mes moyens de les mettre au lit.

Je suis perceptible, aussi je mène ma barque pour arriver à cette possibilité avec Thérèse. Je reste impassible. Jusque devant l'immeuble où elle habite sans qu'elle ne puisse m'opposer un refus, je me gare dans la partie la plus noire du parking près d'un arbre encore légèrement feuillu malgré la saison très avancée.   Un peu plus loin, une usine crache des nuages de fumée blanche comme une bouilloire en sifflant doucement. On entend des bruits métalliques de ferraille de la fonderie de tuyaux. Un haut lieu de hâbleurs et de prolos, travailleurs suant eau et sang, salaire compris. Oh ! Combien de matelots dans ces bateaux fantômes, ont disparus dans la nuit avant leur arrivée au port (la retraite) dans ces océans froids et noirs et entre les coulées chaudes du métal en fusion et reçu sur leur corps comme un soleil, l'explosion en rosaces, les étincelles brûlantes des noyaux de sable de la centrifugation. De l'extérieur, on dirait Beaubourg, mais sans les couleurs. En regardant le paquet de vermicelles de tuyaux et autres conduites évacuant cette odeur épaisse, acre, terreuse, vous avez vite compris que vous êtes devant une autre exposition culturelle que celle du centre Pompidou. Le port du casque de sécurité est obligatoire. (Made in Saint-Gobain) dans cet univers pour les visiteurs de ce ventre hoquetant de boulonnerie, de fer et de feu, mais aussi d'engrenages, de moteurs et marteaux — pilon, de vérins qui s'agitent dans un tourbillon de poussière. Des creusets de métal en fusion, des moules fument de leurs entrailles bleuies. Le monde de l'enfer de la sidérurgie et de la métallurgie. Une alchimie vouée à la martensite, au carbone du fer pour couler des plaques d'égout en fonte. Celles que l'on trouve et que l'on piétine inconsciemment dans les rues des villes. Des canaux de la centrifugation dégueulent de la fonte rougissante pour y former des tuyaux qui deviendront plus tard de longs serpents métalliques, des pipe-lines.

Thérèse me parle, me sortant de cette torpeur, ce voyage à travers cet univers de la sainte fonderie. Dans cette pénombre tardive, je suis encore en état de lui répondre, malgré la douleur persistante et saccadée à l'arcade sourcilière. Elle se raconte un peu : des bribes écorchées. Les enfants, ils sont seuls à la maison, un immeuble qui se trouve à ma gauche à peine éclairé. Un grand rectangle blanc avec une grande quantité de fenêtres, comme une grosse boîte de rangement à vis et à rivets, placé dans le décor, avec l'image de l'usine d'à côté. Un clapier à barrières droites sans volutes, ni fer forgé, ni pot de fleurs sur les balcons pour les embellir. Une caserne hideuse, un blockhaus à la russe.

Je l'écoute : elle espère mieux que ce qu'elle a connu depuis sa jeunesse. Son type serait un homme de cœur, qui aime les enfants (ceux des autres aussi), un généreux, inoffensif, beau dans sa tête avec une couronne de prince. Pas un mari, comme avant, un macho (tiens donc, celui-ci ne boit pas !) La queue à la place du bulbe rachidien. C'était un travailleur (tiens ! Dans l'entreprise d'en face), mais c'est tout juste. C'est souvent à peine arrivé du boulot qu'il la baisait avec la musette dans le dos, derrière la porte et à même le palier. Sur le meuble à chaussures, l'odeur des pieds l'excitait. (Pas elle, son mari.) Je ne suis pas bougrement étonné. Les sauvages, les homo sapiens du XXIe siècle, les hommes à sa pine, je les connais ! Ces soixante-huitards sortis du baby-bang qui n'ont appris rien d'autre que leur propre culture familiale, celle des hauts-fourneaux.   « C'est pour l'hygiène, je me vide les couilles, ma souris ! Tu aimes ma bite, hein ! Tu vois, je t'enfile comme une chaussure et tu prends ton pied ! On sent fort...

« Au début, c'est du grand débit, elle aimait ça sans l'avouer, mais pas en savourant. Après, c'est débitant de bites, un fournisseur de sperme et d'enfant, un gonfleur de bite et de ventre, celui de sa femme.

Les enfants, les chérubins deviennent voraces du temps qui passe. Ils exigent beaucoup de la mère qui « ne bosse pas. »

Thérèse passe à côté de certains détails navrants ; elle ne veut pas tout raconter, me dit-elle, c'est trop dur, c'est choquant. Pendant que je l'écoute en silence en choisissant quelques mots subtils pour la faire parler. Ma main droite qui me fait encore mal explore naïvement ses épaules, ses cheveux, mes doigts furtifs et caressants parcourent lentement le haut de son buste et la main gauche tente une diversion vers sa taille au bas de son corsage vert qui scintille dans la pénombre.

Elle s'exprime pendant que je cherche la meilleure position sur mon siège pour être plus à l'aise. Sa façon de décrire l'outrage qu'elle subissait quasiment journellement accélère l'envie que j'ai subitement de la prendre dans mes bras. Le trouble est évident et le fond de mon pantalon commence à former une protubérance sans équivoque.

– On peut boire un dernier verre chez toi, si tu veux bien, comme cela, tu pourras tout m'expliquer de ta vie.

J'essaie de l'embrasser en même temps en l'attirant vers moi. La main gauche flottant sur le tissu de la jupe, prête à s'insérer vers la grotte mystérieuse sanctifiée sur un meuble à godasses.

Thérèse rencontre alors une barrière en forme de console, alors je muscle l'affaire, ma tentative semble vaine ; elle bute contre deux objets connus de tous les automobilistes : le levier de vitesse et le frein à main, deux systèmes indéniables et forts de leurs aspects phalliques. Elle reste bloquée, elle exerce un mouvement de la hanche pour ne pas se faire embrocher devant et derrière et se rattrape de la main sur le fond de mon pantalon en pleine émergence. Ce qui devrait rapprocher deux êtres ne devient rapidement qu'une lutte gréco-romaine dans une automobile. Les genoux pliés raclant le tapis de sol, j'ai juste le temps de l'embrasser sur le coin de ses deux hublots (une grenouille a deux gros yeux) et à peine sur la bouche. Mais dans cette escalade des vertiges dans l'habitacle contiguë, j'ai gardé pour la bonne sortie une main entre les cuisses de ma chère Portugaise. Garder un contact un peu charnel. Ne pas perdre cette partie de baise auto.

– Je ne peux pas, les enfants se réveillent de bonheur, c'est dimanche et je ne veux pas qu'ils voient que leur mère, est sortie.

Je suis pantois : elle laisse ses enfants seuls, mais elle a pris des dispositions pour éviter des problèmes.

– Ha ! D'accord !

Alors je me réconcilie gentiment avec elle, je comprends. Ouais ! Qu'une femme puisse laisser ces mioches à la maison pendant qu'elle cherche le bougre qui va s'en occuper plus tard. Mais bon sang ! Un peu de bassesse si je veux la baisait. Ouais !

Tout ce petit mélodrame n'a pris qu'une demi-heure. Maintenant qu'elle ne m'a pas comparé à un monstre avec trois phallus et que ma voiture ne fornique pas avec tout le monde, je continue mes manœuvres, la main s'aventure vers le sac à convoitises.

— Tu crois que l'on va se revoir, me demande-t-elle tout à coup ?

— Bien sûr, si tu le désires, tu es une femme charmante et jolie.

Je mets le paquet et j'avance mes mains vers les endroits les plus délicieux, une dans le corsage, l'autre plus pertinente le long de l'intérieur des jambes que je sens un peu plus nerveuses et tremblantes comme au départ d'une course.

De l'impatience ? Au lieu de mollir, Thérèse met la tête en arrière puis se détend, elle parle de cette soirée et me remercie de l'avoir accompagnée à ce bal.

— Contente de ta sortie

— C'était bien, dommage à… la fin, susurre-t-elle, en soupirant fort pour donner du ton.

— Ce n'est pas grave, je dis. Je n'ai rien, demain je serais OK.

Elle laisse ma main contourner sa petite culotte, raidissant brusquement les jambes, alors je porte l'estocade la main sur le sein droit et les doigts sur le mont de vénus : je la tiens à ma merci ! Elle accepte le toucher délicat de ce qui devient un divin plaisir.

Elle se redresse, feule : freeeeee ! Comme une tigresse, elle me plaque la main contre son pubis, elle serre avec force ses cuisses, elle m'emprisonne, elle y enfonce ses ongles (ce n'est pas de la rigolade) vernis et grands, dans les os des phalanges, tandis que mes doigts se referment sur son sexe. Cela dure une éternité, une douleur, une morsure. Je vais hurler, mais je serre les dents pour ne pas réveiller le quartier. Elle a la nuque en arrière bloqué contre le repose-tête. Elle retire sa main et la mienne, redescend sa jupe sans rien dire de plus, ouvre la portière. Elle sort en respirant comme si elle recherchait de l'air, elle halète.

– Bonne nuit, me lance-t-elle.

Je la regarde, médusé, s'éloigner comme une apparition fantomatique drapée de son manteau noir. Elle s'engouffre dans son immeuble ou plutôt sa boîte à boulons sans que je ne puisse réagir. Je regarde le panneau publicitaire à ma droite « DEMAIN, JE MONTRE LE BAS » ! Demain, je montre le bas. Moi, je n'ai rien vu. Du haut, ni la gueule qu'elle tirait, ni l'excitation de ses mamelons, je n'ai vu que des ténèbres frustrantes. Vexé, la bandaison déclinante, anéantie, un ramollissement des idées et des fantasmes, je ressens le désir d'une incitation à la revanche, à blesser, à humilier cette allumeuse, cette salope ! Cette conne ! Cette pute !

Les mains douloureuses comme si je les avais passées sur une râpe à gruyère. En haut, les lumières s'allument dans un tiroir à boulons (à vices) : c'est elle qui rejoint ses têtards. Le retour est difficile, c'est celui du perdant. L'énigme n'existe pas, j'ai probablement affaire à ce qui serait le plus sympa, à une femme amoureuse et qui veut prendre son temps dans la recherche du prince charmant, vu le désordre dans la famille. Soit dans un autre cas à une femme mal baisée ou une nymphomane qui ne veut pas se faire découvrir de suite, une jouisseuse clitoridienne express, une névrosée de l'érectile. Certaines femmes par principe n'admettent pas que l'on découvre trop vite leur « faiblesse amoureuse » quand elles prennent leur pied. D'autres, moins pusillanimes, remarqueront les effets du désir que leur procurent les caresses insidieuses et se satisferont de cet homme très adroit qui les pratique. Elles reviendront vers ce mâle très attachant, tendre, émouvant, captivant distributeur de sensibilité et d'émoi.

Bon, si l'on partage le gâteau de la soirée, je ne suis pas le mieux servi. Quand je rentre, je suis crevé, je m'installe devant ma glace. L'image paraît évidente, j'ai dans le tour de l'œil, le reflet bleu et violet du coup de patte du roquet hargneux qui ne veut pas que l'on joue avec sa grenouille. Sur une main, le renflement tuméfié du coup que j'ai mis dans la gueule du chien et sur l'autre main des estafilades profondes, les griffes rouges de la grenouille verte qui pensait que je m'amusais trop avec son chat. J'ai l'impression de revenir de nulle part (au *sud de nulle part*, roman de Charles Bukoswki). Lui, dans ce cas il se masturbait, moi je n'en suis pas capable, mes deux mains me font souffrir. La violence, ce n'est pas mon fort, pourtant j'ai dû lui faire mal à cet idiot, ce bâtard, ce mangeur de grenouilles ! J'ai pensé à La Fontaine et ses morales. Je m'en suis offert une !

« Avant de jouer aux amoureux avec une grenouille verte, regarde si elle a des têtards,

Si elle a un copain, un prince charmant, un ex-crapaud ou un chien abruti, tout cela par hasard. »

Je laisse La Fontaine et Bukoswki, dans leur sépulture dormant chacun avec leur délire extrême. Je prends des comprimés contre la douleur. Avant de m'endormir, je pense aux chanteurs, aux écrivains qui parlent des femmes (Dutronc, Sardou, Sollers et tant d'autres.) Celles qui fument, se parfument, hument, à plumes, sur « CUM » qui allument, qui se consument, qui s'enrhument, qui assument, qui résument, qui aiment les tunes... Hummm... Je rêve d'autres femmes.

Elle est blonde.

La comédie musicale : Notre Dame de Paris fait un tabac, elle remporte un succès fou. Il fait très froid, l'hiver engourdit les gens devant leur écran de télé. Pour l'hugolien naturel, c'est normal, mais pour les plus jeunes, c'est une découverte du chef d'œuvre. Les tableaux sont superbes des décors somptueux, une génération (s'ecstasy) mange des pop-corn et bois du Coca-light devant ce spectacle. Au moins, ils ont appris des choses et puis ça leur change des « Garçons bouchers » de Johnny au parc des Princes. D'ailleurs, la mariée est trop belle. Tous les contes des bibliothèques anciennes, les belles histoires vont faire leur apparition en comédie. L'investissement en vaut la peine. C'est chébran d'aller voir ces grands évènements. On starise de nouveaux talents et c'est chouette. Même si, si à la fin quand le rideau tombe, on constate qu'elles se ressemblent un peu toutes ces comédies.

Pat s'est assise face à moi, sous le regard effacé d'un cow-boy et d'un Indien. Des statues qui gardent l'entrée. Le décor est digne du plus charmant des Westerns. Des box aux fauteuils rouges écarlates et sur la table, les menus posés en permanence pour ne pas vous faire oublier que vous êtes bien venu pour manger. Des amuse-gueules pour vous faire patienter, une petite lampe blafarde pour éviter d'en voir de trop et une musique country qui s'égrène. C'est l'Amérique, mais c'est difficile d'y croire que l'on y est. Un portemanteau à portée de la main. Des cavaliers sans leur cheval, c'est pour cela qu'ils font leur service aux grands galops. Essoufflés, débordés, mais souriants, ils vous demandent ce que vous avez choisi à peine vos fringues placées sur leurs crochets. On se dit qu'ils vont nous mettre la pression ces gringos. Et puis toutes ces cornes de bœuf pendues un peu partout, on se croirait dans un restaurant pour cocus. D'ailleurs, vous êtes tellement planqués que dans certains endroits, votre voisin de palier pourrait manger avec votre femme, sans que vous puissiez vous en apercevoir.

La spécialité, la viande bovine avec toutes les sauces les *chiquent* pour ceux qui n'aime pas. Les bonnes frites nationales bien sûr, de chez Mac Machin et le ketchup à volonté, si vous voulez faire rougir de plaisir votre repas. Du texan, du californien, le bœuf et la vache (ce n'est pas de la folle) dans votre assiette, saignant, à point, bleu. On pique des insignes en plastique pour se repérer, c'est performant, c'est de la consommation rapide. À entendre, on croirait que l'abattoir est rattaché à la cuisine. La restauration est liée à la fraîcheur et la satisfaction du client.

L'endroit est accueillant, mais assez bruyant, le concert des fourchettes, des couteaux, les allées et venues des serveurs gâchent un peu l'intimité que l'on attend.

Après m'être soigné mes plaies (griffures et hématomes) suite à la soirée avec Thérèse, je téléphone à Pat, la divine blonde. Elle est libre de toutes obligations en fin de semaine. Rendez-vous est pris sur le parking du Mac Do. (Elle doit avoir des actions ?) À ce moment, je pense que je vais me taper un triple machin-chose au beurre de cacahuètes sans goût. Quand tu mords dedans : c'est dégoulinant sur le menton. Le petit bavoir en papier pour amuser ta voisine. « Coucou ! j'ai bavé sur ma chemise ! » La lippe débordante de crème et les dents qui baignent. Direction rapide vers les lavabos pour se refaire beau. L'auréole destructive côté cœur qui ridiculise l'auteur du méfait. J'évite donc ce piège tartiné américain. t

– Peux-tu me trouver un resto autre que cet univers d'enfant ?

– OK, prés de chez moi, il y a ce qu'il faut…

– Merci, Pat

Voilà, c'est fait, elle est en face de moi, le regard espiègle, quand elle a enlevé son manteau, je n'ai vu que son corps et ses jambes : c'est du splendide, de la plastique sans chirurgie. Les Pomelos Anderson, les gonflettes en silicones de Miami peuvent se rhabiller. D'ailleurs, elles se ressemblent toutes ces filles reformées, relookées aux points où les parents devraient faire des procès pour abus aliéné, d'imposture familiale. Faut-il condamner les faussaires de la beauté ou de la laideur ?   .

Pat, c'est du produit bio, sans conservateurs ni antioxydants ni colorants. Une femme du terroir, une cocotte labellisée de rouge comme la couleur de son bustier. Une poitrine haute et arrogante constellée sur le haut de quelques minuscules tâches de rousseur. Des jambes de luxe dessinées pour que l'on ait envie d'imaginer leur naissance et le bassin qui leur donnent la vie. Une banlieusarde, une fille de la cité du béton chantée par Michel Jonasz. (Jamais vu d'aussi belle, dans la cité… » Super nana…) elle parle, c'est cristallin et je suis à l'écoute d'une sonate de Franz Schubert « *le chant du cygne* ». Elle renvoie la masse de ses cheveux blonds en arrière dans une mimique alors j'entends Joe Cocker et sa voix rauque sortie d'une caverne : « *Unchain my heart !* ». Elle mange discrètement, mais avec appétit. Je mange sans regarder mon assiette. J'oublie les vaches plastiques en couleur et je taille comme un bûcheron dans mon steak. Je suis plongé dans ses yeux à peine maquillés et les lèvres, les pommettes atténuées de blush. L'art de se faire une beauté naturelle et conformiste sans déborder de l'essentiel. Elle est, il me semble, un peu contestataire et un peu marginale, et c'est la musique d'une symphonie de Mozart qui traverse mon esprit, elle rit comme France Gall, puis c'est « *Out of Africa* et c'est la clarinette de Michel Portal qui jazze. Un mélange sonore sur fond de musique country.

Ses mains sont d'authentiques émotions qui bougent l'air. Ce subtil parfum qui m'enveloppe, elle l'a sûrement choisi dans les méandres pratiquement inexploitables des boutiques Coco Chanel et Givenchy ou seules les femmes arrivent à s'y retrouver dans les fragrances universelles. Et voilà depuis mes déboires « Thérésiens », j'ai repris du poil de la bête ou plutôt de la bite. Je ne suis pas amoureux, mais c'est dans l'air. Je suis transi, car dehors, il fait frisquet, une couche épaisse de givre recouvre les voitures et le sol brille de l'éclat de ses paillettes glacées. Je n'ai pas envie de le démontrer. Je feins l'indifférence tout en lui diffusant flot de paroles flatteuses et enjôleuses qui déboulonnent les femmes les plus revêches et les plus insensibles. Elle joue son rôle dans le même acte que moi, dans la même pièce que moi et dans le même registre. C'est confortable, mais pas prometteur… À ce moment-là, je suis persuadé de n'avoir commis aucune erreur de langage. Je ne lui propose rien et je reste convaincu qu'une prochaine rencontre serait bien la bonne.

Ne pas brûler les étapes et prendre un air convenant ; le mec qui sait ce qu'il veut. Ne pas perdre son originalité devant une vraie blonde au demeurant, je le pense. Tomber amoureux est une faiblesse, le faire savoir, c'est de l'inconscience surtout quand le coup de foudre n'est pas forcement des deux côtés. Elle n'électrise pas le paysage, mais rayonne d'une certaine moquerie infantile du style :

– J'aime la vie, elle m'étonne cette vie. Rien de plus simple que de la prendre avec soi.

Déroutante, mais attendrissante, elle souffle le froid et le chaud, elle replonge dans la comédie musicale avec des adjectifs qui semblent les plus banals.

– C'est beau, c'est magnifique !

Pat me parle des hommes qu'elle a connus comme des gens bien, mais irresponsables. Elle se répète.

– J'espère que mon fils sera autrement… Il étudie les langues et ne sort pas de sa chambre (ou de sa cage). Il est différent. (Comme l'expriment toutes les mères. Même si elle a enfanté le roi des cons qu'importe le fils c'est le plus magistral. Quand c'est la fille : c'est pareil !) Lui, il s'appelle Lionel et il est né sous le signe du lion, le roi de la jungle. Il vit au milieu des peluches de Titus, le petit lion et des affiches de chez Bouglione. Bon, cela ne s'invente pas : il faut bien se trouver une personnalité, même animale.

Quel âge ? Je demande, car la conversation ne suit pas la ligne que je voudrais qu'elle suive et je mâche un peu de mâche et mâchonne cette feuille de salade et j'écoute sa salade, cette salade frisée de lion. Elle rit, c'est un exploit, elle se moque, elle mousse dans son verre, cette blonde, fière d'avoir un fils si grand. Il a les cheveux plats mais c'est un lionceau.

Je cherche une issue, mais je piétine et m'insurge tout seul à ne pas aller vers le sujet. Pire, elle parle d'un mec comme moi, mais trop con pour la comprendre. Elle envoie des antidépresseurs et je bois les médicaments comme un malade. Puis elle se reprend :

– Ce type n'a rien à voir avec toi ! Tu es un vieux beau, gris sur le côté, brillant du cheveu. (Je crois qu'elle me confond avec un blaireau argenté.)

– Tu crois que c'est une espèce rare ?

– Bien sûr… la boule à ras, c'est moche.

Elle veut me faire le coup de la fille désintéressée et me dit que l'argent n'est pas son moteur de vie.

À quoi ressemble son moteur ? La carrosserie semble être en bon état ! Mais il faut soulever le capot et voir comment çà tourne. Une fois encore, je n'ai pas envie d'aller voir la mécanique.

Je pense la déposer devant son immeuble et basta. ! Éjecter la blonde poupée russe, pudibonde, rubiconde, sans ondes, pas féconde, pas profonde, pas immonde non plus…

Après le dessert, c'est le désert, on ne parle plus, seul un sourire s'accroche.

Sa bouche en cœur fait des bulles de sainte nitouche. Je comprends qu'elle est la maîtresse du jeu, du genre « J'ai envie d'être ou pas ta maîtresse » ? Elle a une carte maîtresse et moi, je paye avec ma carte bleue. Et au passage, j'emporte la blonde avec ses petites vaches en plastique. Je suis fatigué et je me pique les doigts avec les cornes des vaches en plastique. J'ai pensé à toutes les vaches du monde et au mot « vachement ». Une vache de blonde avec moi, vachement bien foutue : Blonde à fourrer, à fourrure, à fourrage, à fourrager. Une vache *gold*
!

Le vin rouge au sang-de-bœuf, celui de vache m'enivre, atténuant mes instincts les plus bas. Je ne garantis pas la saillie. Elle se dandine de la tête comme la première fois, accentuée par ses épaules rentrées pour lutter contre le froid. Je la teins à l'épaule, à l'encolure. C'est le retour au bercail, c'est la tenaille de l'hiver. C'est la franche transhumance. Derrière nous le Buffalo montre ses cornes d'abondance dans un brouillard laiteux.   Ma voiture a changé de couleur, c'est un sucre glacé brillant et métallique.

Pat frissonne et je cherche à mettre le chauffage à toc. Pat devient une boule blonde et noire qui envoie des signaux d'air frais par sa bouche entrouverte. Elle me donne la route à suivre, au couteau, avec des phares aveugles, feux-follets, dans un cimetière de pancartes et de panneaux de pubs Suivre un trait blanc discontinu, une ligne de démarcation contre l'ennemi qui vient en face. Des yeux fantomatiques et quelques lumières blafardes :. Ce sont les bétaillères qui circulent en face. Elles rejoignent leur domicile avec leurs chéries bovines et leurs petits veaux sous la mère. Je pense à cela. Je pense aussi que la vache meugle parce que le père bœuf (beauf) conduit à l'aveuglette. Je pense à bovin et au bon vin, rougie au sang-de-bœuf, vin de paille, vin divin.

Je stationne devant l'immeuble. Un grand standard de la construction massive mais, courbe sur sa longueur, suivant la sinuosité de la rue grise et noire. Je vois Pat qui sort sa tête en filasse jaune du haut de son manteau tel un balai de pont d'un sac à poubelle noir. Elle agrippe mon avant-bras comme une vieille mamie désorientée. Elle me dit dans un souffle :

– Ouf ! Enfin ! C'est comme si elle sortait d'un submersible.

Elle respire, elle relève la tête, sa chevelure glisse sur ses épaules

– Je n'aime pas la voiture par ce temps-là. Je stresse !

– Surtout quand le chauffeur ne connaît pas la route.

Aussitôt, elle s'extirpe de l'habitacle en cherchant la clenche et elle sort rapidement. Seul le jaune éclatant de sa coiffure contraste avec l'épaisse brume qui nous entoure.

Je suis persuadé qu'elle m'échappe. Sans me dire au revoir et me lâcher dans la nature (dans son champ). Peut-être me laisser à mes lubriques envies, me larguer. Je suis presque content. Je n'ai pas soif d'elle. Je suis un programme établi par un autre que moi. Je me détache d'elle sans regret pendant que court ce moment de notre histoire. Je remets une nouvelle rencontre à plus tard.

Je réalise qu'une furtive conscience de lien existe entre les êtres, c'est souvent le cas dans la rue que cela se passe. On se voit, on se regarde, on s'admire, on flashe, on jubile de tant de bonheur et puis on saute un cran de la bobine et tout s'évapore pour une autre raison, un autre sujet. Il y a sûrement un mot pour décrire ce laps de temps. Un éclair, une étincelle, une pensée enflammée, une escarbille, puisque tout s'éteint ensuite et la réalité refait surface comme un mauvais sort. C'est le coup de foudre, mais je n'y crois pas.

– Alors tu viens ? Elle est devant la porte, elle tape du pied comme un taureau dans l'arène.

– Tu ne vas pas t'éterniser là.

Je saute de mon siège, étonné de cette invite. Je cours en fermant la portière comme un fou, un bruit mat, j'ajuste la serrure, je tourne la clé. Je suis près d'elle, au garde-à-vous, ajoutant pour ma part une dose d'humour.

– À vos ordres Pat. Elle rigole. Je suis transi, mais pas amoureux. Elle me fait « chut » avec son doigt sur ma bouche et mon nez sniffe son odeur de main. On monte, un escalier en colimaçons, ferraille froide, je perds le sens, les sens en regardant ses jambes et ses pieds qui se posent sur les marches. C'est comme les pubs pour les bas. J'ai le tournis quand on stoppe à l'étage, on pose sur le palier. Rien ne change d'une porte à l'autre.

J'ai cette mauvaise impression de rentrer dans un appartement « de déjà vu ». C'est même plus navrant d'architecture et c'est à croire que les promoteurs ne jouissent pas de toutes leurs capacités. C'est louable, pour vaches seules. D'ailleurs, le canapé est avachi et je m'y enfonce dans les coussins mous en cuir de pleine fleur. Elle m'offre un verre. J'ai le temps de faire un rapide inventaire des lieux. Vieux meubles griffés, écaillés, une télé accrochée au mur sur son pivot comme à l'hôpital. Chaises de pailles fabriquées depuis plus d'une paille, des plantes vertes et rouges et une vitrine avec des verres et des bouteilles. Elle furète dans son alcôve et moi, j'ai envie de me casser. Les dernières aventures m'ont laissé un goût bizarre de pas assez ou de trop d'ambiguïtés. Je ne sais plus !

Le tout est de savoir comment on prend les choses. Elle corrige son décolleté quand, elle glisse les whiskys sur la table et que ma grosse voix aiguë troue le silence. Alors, elle me fait signe en me montrant une porte plus loin dans un couloir.
– Doucement, Lionel dort...
 Excuses multipliées par mille, mais toujours de la même voix.

Elle fronce. C'est vrai, on ne réveille pas un lion qui dort dans sa savane de peluches et de puzzles. D'instinct animal, il ne faut pas le déranger, surtout si vous êtes du gibier fragile et facile : un gnou et une vachette.

On parle, on parle et rien ne se décide. J'avale le breuvage et je crois avaler une tige de chardon épineux et froid. Elle me sourit et les glaçons me collent aux lèvres. J'ai dans la tête une chanson de Barzotti « *VadoVia* ». Elle me raconte un peu les coups – vaches qu'elle a subis.

Son dernier amoureux, pour dire comme cela était un mec sombre, mais pas ténébreux, il lui montrait des films pornos, des femmes qui faisaient l'amour avec des chiens. Elle ne pensait pas qu'on puisse le faire. Pas des choses pareilles mêmes sous X ! Généreux, il était payeur. Dans les boîtes, c'était lui qui faisait la rincette.
– Des films ou des choses ? Je soulève la cochonnerie.
– Les deux ? Houhou !

On aurait dit qu'elle avait mal pour ses artistes féminines de la bite animale. Du bœuf à la vache, je consomme du lion et des animaux qui baisent des femmes. Son ex lui montrait des parties de X et moi je suis K.O. devant cette conversation puritaine – pornographique. Elle ne l'a pas quitté pour cela, mais il était jaloux. Un jour, il a cassé une petite cuiller en plusieurs morceaux et lui a filé dans son verre pendant qu'elle dansait avec le même gus toute la soirée. Elle a failli ingurgiter la moitié du manche de la cuiller.

– Ce n'est pas normal, c'est criminel ! Et toi, tu en penses quoi ?

– Oui, je ne crois pas que puisse agir de la même façon. Je l'enterre (le mec), c'est une question de principe et de stratégie. Je l'éloigne. Il faut que j'évite le retour de ce prince du couvert Guy-Dégrène.

– Alors ! Il aurait pu me tuer !

C'est ce qu'elle me dit. Mais, pas d'interrogations à mon sujet. Elle se pose des questions sur elle-même, ses doutes. Le temps passe, mon verre est vide. Elle ne travaille pas. Un conflit avec son patron, le Maire de la ville. C'est une femme une vraie, autoritaire, avec le caractère trempé, mais vilaine et sournoise.

Pat, ne comprend pas le pouvoir de l'administration et elle refuse de faire un boulot de merde. Elle le dit avec les sens éveillés. Elle est mutine et moqueuse. Je cloue mon bec, ne sachant que répondre. Elle m'a déballé son paquet d'emmerdes et moi j'écoute en silence pour ne pas réveiller le lion. Pendant qu'elle se récite, je pense aux miens, mon fils, le creux, le trou profond, l'abîme ou je glisse. J'ai envie de ne rien entendre, j'ai soif, j'ai comme un nuage gris devant les yeux. La purée de pois du dehors est entrée dans le petit salon par la cave, le couloir, l'entrée, je suis dans ce petit monde de merde. Une histoire de divorce, son mari qui était buveur (tiens ! La rengaine…) rare, mais beau Latin. J'ai envie de dormir, mais je résiste. Je n'ai pas la patience de continuer la conversation, j'ai envie de me tirer et je me lève pour partir sur-le-champ, hors du champ de la belle vache qui pointe sa poitrine (pis) vers moi. Je suis debout prêt à la remercier d'avoir accepté mon invitation.

– Tu crois que tu vas pouvoir rouler par ce temps ?

– Il le faudra bien… je sors mon langage de fataliste, de résigné que je ne suis pas.

La bise effleure sa bouche, elle me chuchote un mot à l'oreille.

– Reste… et m'accompagne par la main et dans le mouvement sur la banquette. Pour ne pas faire dans la dentelle, j'ai attrapé ma sacoche au vol et je lui déploie une feuille d'analyse médicale en l'embrassant. Je suis en règle et je lui fais savoir si elle a vraiment un doute. Je n'ai pas en retour la même assurance en qui la concerne. Elle veut être protégée !

– Tu partiras avant que mon fils se lève... (la P. respectueuse)

– D'accord ! J'ai déjà attaqué les boutons du bustier rouge, je suis fébrile, je frôle le satin du premier bonnet avant d'atteindre la douceur de la peau que mes doigts réchauffent aidés par ses aveux.

Je reste la main plantée dans l'échancrure dans une posture comique.

Elle me prend la main et sans dire un mot, on passe devant la cage au lion et c'est dans sa chambre éclairée par une ampoule au ton bleue et diaphane que l'on se retrouve. Une petite musique de fond à peine audible, mais suffisante s'insinue pour mêler les ébats. Elle met ses seins hors de leur coffret de satin et je vois de très beaux fruits mûrs, parfaits, dessiner comme dans les B.D. (bien droits, bien dressés, bien doux) une nature merveilleuse, un cul gracieux formé par des fesses hautes, des courbes généreuses et excitantes.

Dans ce champ de délices, je n'entends plus rien que nos souffles et quelques râles diffus, elle est tout simplement Esméralda et moi je suis Quasimodo. J'ahane malgré ma fatigue, elle m'entoure et m'enserre d'une capote, mais je refuse ce contact et j'attends. Elle laisse aller mes envies et je choisis de la caresser jusqu'à l'os, en partant du ventre jusqu'au bout des cheveux, je lape le pistil juteux et ferme. Elle meurt de jouissance et à ma surprise, elle me lèche la figure jusqu'aux oreilles comme un petit chien fou.

Je salive et je suis en elle comme un soudard. Elle est déjà un peu morte d'amour. Moi, j'espère de faire une nouvelle fois l'amour avec elle, mais la nuit m'échappe, elle s'endort, elle a un réveil qui sonne, je suis condamné à repartir avec un souvenir si présent. J'ai monté et terrassé la bête comme Buffalo Bill. Une belle vache *Gold* ! Pas si vache que je le pensais.

Je la quitte avant de m'engouffrer dans la mouvante brume froide avec dans le dos mon émouvante histoire blonde. Je suis libéré de mon fardeau, du poids, d'une certaine lourdeur indéfinissable. Je suis léger dans mon corps et dans mon esprit. Je n'ai pas sorti mes armes de gladiateur. Je ne suis pas quémandeur d'amour, c'est elle Pat qui a tout commandé : viens ! Et je suis venu… Reste ! Et je suis resté… elle a pris ma main et j'ai pris la sienne… elle a donné son corps et je lui ai donné le mien !

Je suis de nouveau dans l'obscurité du retour, enveloppé de sa senteur amoureuse, je roule au ralenti sur une longue route bordée d'arbres noirs et de sous-bois sombres. Les phares des autos sont des yeux de dragons crachant des feux pleins de méchanceté convulsive. Il faut presque mettre le nez sur le pare-brise pour y voir un peu. Il est déjà l'heure d'aller travailler.

La manufacture est à une demie – heure, mais le chemin est long. Dans cette usine, il faut parader, montrer le meilleur de soi. Dure nouvelle journée de labeur. Je suis loin d'avoir la pêche. Je suis encore enivrée du parfum de santal de Pat. Les choses vont mal :. Le bonhomme gonflé et boudiné a fermé la gueule du chien qui s'appelle Kléber ou le clébard. C'est le bonhomme qui guidera le chien avec une laisse. Il sera le maître et c'est lui qui servira la pâtée ; tout d'abord, tous ceux qui ne suivent pas le maître et son chien ne font pas partie de la « famille ». On change la niche et la litière et on nomme les nouveaux gardiens qui s'occuperont du chien. (Sa pub, sa rentabilité, sa production, son image, son capital.) On ne veut entendre aucun aboiement. Ceux qui n'aiment pas servir le chien, on les quantifie, on les virera. Je fais partie de cette liste comme celle de « *Chindler* ». De toute ma vie, je n'ai jamais aimé la reptation. Je fuis les connards, les esclaves, les sournois et les gardiens. L'odeur fade du latex synthétique, on la transporte partout comme un fond de pharmacie, une odeur ambulante et chimique. Elle atténue les senteurs érotiques de ma blonde quand je rentre dans le sanctuaire de la sueur. On veut broyer mes dernières pensées contre la culture prolétarienne et je pense à elle : Pat. J'oublie toutes les brimades, les conditions de travail insensées. Je mets un coup de pied au cul du chien et j'espère qu'il va partir en courant. Et je dis au bonhomme gonflé de décorer son livre rouge d'étoiles plus brillantes. Son guide pour chefs. Je m'ennuie et l'intérêt diminue. La paye ne suit pas. Je chasse la souris, mais les rats attendent que je pourrisse dans cette usine à la gomme.

Thérèse me téléphone, elle s'excuse de ce qui s'est passé.

– Mais rien ne s'est passé et c'est déjà du passé. Je réponds.

Je suis riche de femmes et après tout je ne sais pas quoi dire. Elle veut bien me revoir. Je réclame un peu de vérité. Elle ne peut pas me le dire comme cela.

– C'est personnel ! Je ne comprends pas, la soirée bien, mais le reste.

– Les restes ? Je n'aime pas ! Je lui rétorque.

– Bon, quand est-ce que l'on peut se voir, pardonne -- moi…

– Pas ce dimanche, je travaille et ce n'est pas un prétexte…

– Bisous

– Bisous.

Je raccroche.

Je n'ai pas envie de l'encourager, d'ailleurs, je suis fatigué de mes agissements. Je suis séparé de Pat pendant toute cette semaine, je crains de tomber amoureux. Je suis malade du manque d'elle, mais je me demande si je ne suis pas plus attiré physiquement par ses seins que par ses fesses. Les seins sont porteurs d'une fonction érotique indéniable et chez Pat, le symbole (sein bol) est valorisé avec haute grâce, on a envie de les voir, de les palper, de boire aux mamelons, de les darder, de s'endormir dessus comme un enfant. Dans mon esprit, cela devient une obsession maladive. Je ne me soigne pas encore. La quadra fait bander le quinqua. Ces fesses et ses jambes font d'autant d'effet. Sexuellement, c'est prodigieux à la fois et le mal de ne pas être avec elle, me ronge et surtout de ne pouvoir assouvir mes désirs les plus ardents.

Les rendez-vous se succèdent accompagnés des jours de brouillard de cet hiver sans fin. La relation s'engrène dans une routine. Je me rends libre un week-end sur deux pour elle et les autres sont destinés à mon fils. Je respecte le jugement du divorce. J'ai gagné la garde alternée, apporté dans mon combat, une jurisprudence dans le département : quinze jours chez sa mère ou plutôt chez son nouveau beau — père ; si on peut appeler çà beau. Pourquoi et en quel honneur les amants de la mère seraient-ils plus beaux que le père géniteur ? C'est une dérive en dérision de la langue française. Vraiment mal appropriée. Moi, je parlerai plutôt de bas-père, c'est du discount. C'est la pièce de rechange rapportée dans le mécanisme des moteurs familiaux en panne, quoi d'autre que cela ! Une pièce de rechange, idem pour la belle — mère. Je dirais la « basse — mère ». Ceux ou celles qui veulent faire de la bonne cuisine avec des restes. Résultat c'est de la soupe. On pense que c'est refaire sa vie, mais c'est faux, on la continue. Comme moi, je fais la mienne. On trimbale toujours le passé. Ou alors il faut l'oublier ce passé, mais on est ingrat avec lui. De toutes les façons, le subconscient reste attaché à ses souvenirs et à ses mémoires. Donc les comparaisons resurgissent et c'est bien le problème des séparations. Je ne suis pas philosophiquement instruit pour développer. Mais je persiste à croire que la vie est une continuité d'évènements jusqu'« au processus biologique terminal. Rien d'autre et bien entendu, il faut bien faire quelque chose en attendant.

Donc je fais ma vie, aussi tourmentée soit-elle, dans cette société française.

Obsession des seins de Pat, obsession de son cul et de ses cheveux, de son sexe. J'attendais avec frénésie de pouvoir caresser sa peau et envelopper mes mains autour de ses seins. Au lieu de lui montrer des vidéos pornos, de femmes avec des chiens et des chevaux chevauchants (c'est la trouvaille de son ex-psychopathe) pour faire monter le désir. Je tente de la diriger vers des instants plus affectueux de massages et de caresses. Et çà, marche. ! J'en profite pour explorer les moindres pores de son corps, les bras, les jambes, le dos, les fesses et même les aisselles, les muqueuses, les tétons mammaires, les seins pendant de longues séances, je prends des crèmes et des huiles essentielles pour attiser les zones érogènes. Je suis maître de son corps. Je la possède. Je la pénètre psychologiquement. Elle se laisse aller dans ce confort. Elle tourne sur elle-même à ma demande. Je finalise, je caresse et je lape le velouté érectile, les contours des lèvres qui deviennent gonflées de désir. Cela se termine la plupart du temps par une envolée sexuelle. On perd pied. Elle me lèche le visage comme un petit chien fou comme d'habitude. Un échange de langue et de complicité mielleuse.

À ce jeu, je suis gagnant. Elle me dit que c'est plus excitant que de se prendre un concombre même entouré d'une capote. Donc le mec psycho – Pat se serait tapé le marché du village ou la supérette du coin pour acheter des cucurbitacées pour la combler. Je n'ai pas osé demander les dimensions. C'est génial d'être un homme parce qu'on peut acheter des concombres et des courgettes sans être gêné ni jugé. Elle avoue être anorgasmique vaginale. Ceci peut faire comprendre cela ? Cet homme psychoPat avait des idées plutôt végétariennes et peu communes. Un malade, perverti, mais convaincant. Elle est soumise, docile, peu soucieuse de s'encombrer d'un concombre. Espérait-elle secrètement obtenir un orgasme vaginal tant désiré et méconnu ?

Frappée par Épicure, elle ne lésine pas sur les moyens pour vibrer intensément. Elle, je la proclame non vertueuse et je suis un peu décontenancé.
« Elle ne pense pas, elle subit, elle fait plaisir à son homme… » C'est son credo, me dit-elle.

Un parfum sublime qui me grise et je suis prêt à la satisfaire de tout. J'oublie le concombre avec ses qualités dégustatrices et ses vertus sexuelles. Je le range aux accessoires dérivatifs et je continue cette relation amoureuse avec entrain. On passe des samedis avec petits dîners et des dimanches en goguette dans une petite boîte chic de la banlieue de Nancy : La Fiesta.

Je lui apporte des ananas Victoria dont elle raffole, du vin de Bordeaux, des gâteaux, du café aromatisé à la vanille et des fleurs. Sa table est bancale, elle bouge sous le poids nos coudes. Elle n'est pas une matérielle dans l'âme mais, si elle m'assure que si elle pouvait… On regarde la télé accrochée au mur comme dans un hôpital (Notre Dame de Paris à chaque passage sur l'écran). Je suis bien pour une fois. C'est un peu ce que chacun désire et puis au lit, c'est une merveille. Elle dort sans bouger, c'est rassurant ! La paix entre nous, allongée l'un dans l'autre.

Titus, j'en fais la connaissance dès les premiers jours. Il n'a rien d'un lion. Il paraît presque chétif, une voix timide et une carrure d'étudiant qui n'aime pas le sport. Un jeune dans la normalité, coincé dans sa chambre, sa cage dorée entre la musique et ses rêves d'adolescent. Plutôt élancé comme une gazelle. Il est très attentif, du genre latino, la mèche de cheveux châtaine foncée pendante sur le front et le geste répété de la main pour la remettre dans le sens du poil.

Des études très studieuses et une présence feutrée presque réservée, Titus reste dans son monde peluché.

La mère est attendrie devant une progéniture aussi peu bavarde et introvertie.

– Tout le contraire de son père. ! C'est ma fierté ! Elle me disait cela avec un air triomphant.

– Le père, un drôle de paroissien ! Criait -- elle.

Je prends des photos. Pat la séductrice est photogénique. Du regard et des formes, on en a plein les yeux, je me promène avec les clichés et je les montre à qui veut les voir. Les copains de boulot sont ébahis et moi je suis aux anges. On sort dans les endroits où elle veut aller et je dépense beaucoup, la semaine et le week-end quand mon fils n'est pas à la maison. Les fêtes de fin d'années s'approchent : je ne serais pas tout seul.

Mais des anecdotes désopilantes vont peupler cet équilibre précaire. Des évènements troublants vont se charger de prendre des tournures bizarres et de museler cette complicité amoureuse.

Pat veut danser, mais elle se dandine affreusement. Il est rare qu'elle soit en harmonie avec la musique. J'essaie de mon mieux de lui donner des leçons et je redouble d'attention pour que nous n'ayons pas l'air d'être des ours de cirque. Malgré cela, on se résume à des enlacements vertigineux et de piètres pas de danse anachroniques. Je reste au milieu des danseurs pour éviter que l'on remarque notre ridicule accord. Bien souvent, je sors, fatigué de cette étreinte, frustré même. On a qualifié la danse comme étant un acte vertical exprimant un désir horizontal et là est toute son histoire. C'est un rituel qui a évolué pour permettre de rapprocher de favoriser le contact du corps de l'homme et de la femme. Ce n'est pas çà, qui risque de nous rapprocher ! C'est dans cet état confusionnel que l'on rencontre l'ex — tortionnaire de la divine blonde. Elle va jusqu'à lui dire bonjour. Qu'importe, je ne devais pas me rendre jaloux. C'est moi qui suis l'acteur de service et lui le spectateur. Quand elle revient vers moi, je ne pose aucune question et elle reste muette ! Rien de plus qu'une politesse. Je vais aux toilettes et j'ai le temps de repérer l'oiseau noir. Il me regarde passer. Il a une face prognathe et sombre, des yeux perdus dans leur orbite et des lèvres qui n'ont jamais souri. Il est grand d'une tête de plus que moi. Il a des cheveux bruns et longs, il est mal rasé, sa veste mal coupée et son jean terne. Rien de bien, du négligé : une tristesse sur deux pieds. J'affronte son visage menaçant (Pat — tibulaire). Quand, je me remets à table, elle a disparu. Elle danse.

Le cavalier qui a eu l'audace de l'inviter ne la maîtrise pas et les grimaces qu'il tire, me renseignent sur son incommodité : il souffre dans ses chaussures. Il faut presque la soulever pour qu'elle puisse glisser.

Alors j'abandonne cette idée de faire de cette souris, un petit rat. Je me contente de faire le minimum. Même quand je marche près d'elle, il m'est difficile de la maintenir à l'épaule. Je laisse ce petit handicap mineur de côté. Un détail qu'il faut oublier rapidement. Bon danseur, je fais abstraction, mais en regrettant qu'elle n'ait pas cette qualité-là.

Quand arrive le Jour de l'An, je suis invité chez des amis et des parents, je lui offre un collier en or assorti d'un petit cœur du même métal, histoire de me rapprocher d'elle. Dans cette fin de siècle, ce fut un bon moment marqué de bonnes intentions de part et d'autre.

Elle a porté le pendentif et le petit cœur de suite, quand on est rentré, on a fait l'amour, elle m'a léché comme un petit chien fou…

Le dimanche suivant, nous retournons à la Fiesta, mais nous ne sommes plus seuls, elle embarque dans la bétaillère deux copines brouteuses de sexe du même pré. Une rousse et une brune. Pat 2 est rousse, elle a une sale tête, elle renifle des naseaux sans arrêt. La brune plus âgée, plus grassouillette s'appelle Yolande. Elles me cassent les pieds et la baraque, elles sont différentes. Pat2 est célibataire et ne sait pas se refuser à un mec. Elle est excitée, rien que de savoir qu'elle va s'en faire un cet après-midi. Pourtant, c'est loin d'être une beauté, mais elle ne refuse pas. Alors quoi !

Yolande est mariée, son mec est un prof de math qui ne sort jamais, il est plus jeune de vingt ans qu'elle. C'est pour danser, c'est pour cela qu'elle sort. Je suis agacé quand Pat me demande de les inviter à danser. Yolande est un cabri virtuose du paso et de la marche. Elle me rend léger et je fais de la résistance pour ne pas gambiller toute la soirée avec elle. C'est un supplice avec Pat. Je ne bronche pas. Yolande est souvent plus proche et je sens son corps répondre au mien. Mais je suis méfiant : les vaches se suivent et se ressemblent presque toutes surtout en troupeau. Serait-elle envoyée par ma blonde pour tester ma fidélité ?

Pat2 a déjà mis les bras autour du cou d'une future victime et se frotte l'abdomen, sans-gêne contre le bas ventre de celui-ci. Elle le colle. Sa minijupe noire est remontée à raz des fesses et son corsage est mi-ouvert sur des seins aplatis et maigres. Sa chevelure frisée comme une salade chicon s'ajoute le reste du tableau. Elle vampirise l'homme qui semble un peu gainé, emmailloté dans une sorte de piège tentaculaire. Ce bon père de famille, divorcé de son état, à l'allure débonnaire se demande sur quelle chienne, il est tombé.

– Rien de plus normal, me dit Yolande.

– C'est bien elle, répond Pat en riant.

– Ha ! Bon.

Elle me sourit, mais je sens que cet édifice peut se casser en mille morceaux et s'effondrer comme un château de cartes. J'évite les remarques sur cette salope. C'est à croire que plus elles sont moches, plus elles baisent. À mon humble avis, elles pensent aux lendemains sans homme. Pat 2 prend la vie du bon côté et même des deux, selon les dires de Pat la blonde. Quand elle s'assoit, elle est en transe. Elle souffle et quand elle repart pour une nouvelle frottée, je remarque sur sa chaise l'humidité laissée là, avec l'empreinte de ses jambes blanches, droites, maigriottes. Pat me confia un peu plus tard, que l'autre Pat ne portait jamais de slip. (Trop enfermé !) C'était évident quand on le sait : car je me suis surpris plusieurs fois à entrevoir son jardin secret. C'est à la couleur du même roux que ses cheveux contrastant sauvagement avec la laiteuse tiédeur de ses cuisses. Elle me toisait en ouvrant ses jambes légèrement. Mais, respectueuse vis-à-vis de Pat, la blonde, elle se corrigeait sans manière.

Mais le plus étonnant, c'est le comportement de Yolande. Protectrice, elle vit dans un luxe, de l'argent et des propriétés. Elle est copine, mais au-delà de tout cela, la confidente. Elle n'aimait pas le « boucher » l'ex à Pat. Une amitié au-dessus des valeurs et même de la culture. Yolande partage avec moi des avis et des connaissances sur les peintres, la Renaissance, les Beaux-arts, les poètes et Pat fait la Joconde morne.

– Pas franc du collier, muet sur tout, un croque-mort me dit Yolande.

– N'exagère pas, rétorque Pat.

Elles se racontent. :   Quand elle monte à la maison, Yolande dort avec Pat ! Elles sont allées en vacances ensemble plusieurs années à Agde ? Naturisme et sorties en boîte. C'était un appartement pour deux. Titus était chez son père. Pas de souvenir de mâle. Si, des propositions, il y en a toujours.

– Mais la chatte de Yolande était rasée. C'est plus lisse qu'un coquillage me dit Pat, puis elle en rajoute :
 C'est plus beau et plus propre un sexe sans poil ! Le mien est pileux, je n'aime pas et puis çà pique après çà me démange, ça gratte...

        C'est troublant, rien ne peut en effet les rapprocher, mis à part le sexe. Je me demande si Pat lui lèche le visage comme un petit chien fou.

Des signes qui ne trompent pas. Ils n'en manquent pas dans leur comportement presque trop innocent.

L'hypothalamus est le centre de régulation des hormones du sexe dans le cerveau. Il réagit à la testostérone. Non seulement l'hypothalamus est plus grand chez les hommes que chez les femmes, mais un homme moyen a dix à vingt fois plus de testostérone. C'est pourquoi les hommes sont toujours prêts à faire l'amour. Les Lesbiennes ont également, paraît-il, un niveau de testostérone plus élevé que les hétéros donc un appétit plus grand. Pat2 dépasse le niveau moyen, elle libère ses envies et ses désirs. Mes deux tourterelles voisines se testent, se toisent, se testostéronent, ironisent, complotent et se pelotent. Je me trouve dans une basse cour. Elles parlent, elles claquent du bec. En leurs présences, je ne suis qu'un coq asexué. Pat ma blonde se fout de mes angoisses primaires : Elle est entre femmes. Je suis rien qu'un petit taximan. Je n'appartiens à personne.

Pat2 ne rentre pas avec nous, elle va suivre le gars qui l'excite bizarrement. Le peu de maquillage qui lui reste, la bouche marquée par les baisers, les joues en feu sont des traits qui lui donne l'air d'une chienne, plus salope, même un peu pute de service. Du moins, c'est ce que je pense. La nymphomane embrasse mes voisines et je sens une odeur de salive suante quand j'en fais autant. C'est presque une punition de poser ma bouche sur ses rougeurs en lui disant au revoir. Elle ne veut pas rater l'occasion…
– Ne dites rien à Doudou, les filles OK ?
– Pas de problème ! Elles répondent à la cantonade.

Je me retiens. Je ne vais pas lui lancer au nez des boutades désagréables pour désapprouver son comportement. Je suis souvent coutumier de ce genre de réflexions. Le fil est tendu. Pat est dans son domaine de femme et la dispute pourrait ne venir de rien. Je ne suis pas l'homme de l'instant. Je cherche dans son regard un appui, un peu de tendresse, mais il est froid et peu communicatif. Yo — Langue a de la conversation et moi, j'écoute des choses du passé et des mecs que je ne connais pas.

Au retour, j'ai droit à mes premières leçons de responsabilité routière. En fait les manifestations que je prenais pour de l'affection, me prendre le bras, me serrer la cuisse n'était autre que des gestes de peur et de crainte. Je tombe des nues. Elle prend en témoin et en otage sa chère amie. De par son silence, elle contribue aux reproches de Pat. Facile…
« « Tu conduis très mal ! »
« Freine doucement, la voiture devant nous a allumé ses stops ! » Elle me crie aux oreilles.

« Fais attention, c'est moi qui suis à la place du
mort ».
Je deviens nerveux et je perds encore plus de mon
assurance
– Tu as ton permis ?
– Oui, mais je ne conduis plus.
– Alors, prends la voiture ! Je parle sec.
        – Non, c'est la tienne
– Et alors ! Tu auras moins peur.
– Je fais l'escargot et les autres voitures me font des
appels de phares.
– Pourquoi ? Tu ne regardes pas devant toi ?
– Mais je mate Yolande et je ris
– Çà, c'est bien toi… ton humour de soldat !
Le silence est revenu, mais je suis à cran. Je frôle un
trottoir dans une courbe, elle crie une nouvelle fois.
Derrière, la passagère se tait. Quand nous arrivons
chez Yolande, je la dépose. Elle est satisfaite de cette
soirée et elle me dit : — à bientôt. Laisse tomber, va !
Je m'interroge. Laisses tomber qui, quoi ?
La dispute, Yolande elle-même ou Pat ?

Je la regarde, le nez dans le pardessus pour mieux apprécier sa démarche et son physique quelconque et hommasse. Emmitouflée dans son manteau gris pendant sur l'arrière. Elle rejoint son prof de math, mateur, matois et voyeur, paraît-il, me disait Pat. A-t-il entrevu le jeu des deux gouines ? Pat a dû s'en apercevoir. Je traduis l'humanité à sa simple résonance. L'évolution des mœurs a bien changé depuis mon mariage et je reçois de nouvelles indications à chaque sortie. Peut-être que je mourrais dans une sombre ignorance, sans savoir ce qui se tramait dans les permutations et les évolutions sexuelles de cette société qui gravite autour de moi.

Les homos, les gouines, les pédés, les travelos, les lions, les vaches, les souris ; les poules, les biques et les boucs. Les insectes qui vont sur les animaux, les oiseaux qui volent au-dessus pour bouffer les insectes, les souris de Schwa et les reptiles : L'arche de Noé. Les poissons, on ne sait pas qu'elles étaient leurs sorts ? Il a embarqué toute cette vaste population animale et humaine pour qu'un jour, elle puisse se reproduire sans souci. Je suis hors du temps, je suis ailleurs.

Je ne sais pas si elle m'a parlé pendant le reste du voyage. J'étais dans mes pensées, mes conneries rêveuses. Ailleurs dans un monde animal. Quand on rentre chez elle, Titus a fait une pizza. Elle est un peu sèche. Pat le lui reproche. Je défends le repas du lion contre la mauvaise foi de la race humaine. J'ai mangé la part du lion. Mon portable sonne et je vais dans la chambre.

C'est Jeanne

– Je ne peux pas venir.
– Mais, tu es où ?
– Chez moi : je mens
– Où ?
– Tu as dit que l'on se verrait quand ?
– Ce soir, mon mari est parti pour un moment. Je suis « Au chien qui fume ».
– D'accord, là je suis invité, tu comprends.
– Tu viens après.
– Peut – être.
– C'est quoi ce que j'entends
– La télé, la fin des infos.
– Bon, à tout à l'heure bisous, mon Gégé !
– O. K.

Pat me demande :
– Qui te téléphone ?
– C'est Gus, je le prends demain…

Elle fronce, elle me soupçonne, elle m'interroge du regard. Je garde ma froideur. Elle retarde, me semble-t-il, l'affrontement. Le système biologique amoureux suit son processus et se détériore inexplicablement. Le tissu de la romance se déchire. J'attends qu'elle me sorte un mal de tête. J'oublie Jeanne à cet instant. J'ai peur que ma bi – pattes me lâche. C'est moi qui pense que le volcan s'éteint. Je ne suis pas bien. Au contraire, elle me demande ce que je pense de ses deux copines et elle me dit qu'elles m'apprécient beaucoup.

Pat la rousse surtout. Pas d'inquiétude : elle ne vole pas les copains. C'est respectable. C'est pour cela qu'elle me fera du charme plus tard en développant des poses les plus suggestives. Du gringue de haute volée et dévoilé. Ce jour-là, alors que nous avions rendez-vous chez elle, pour sortir une nouvelle fois en boîte, je suis arrivé le premier, seul. Elle m'a ouvert son cénacle, c'est le cas de le dire. Sortie de bain entrebâillée, d'un air détaché : on s'embrasse. Elle se blottit. Elle me provoque.

– Tu vas bien ? Sa main passe sur le côté, effleure le bassin de mon pantalon.

– Oui.

– Assieds-toi donc dans le salon, je vais venir.

– Ton copain, il vient ?

– Ha non ! J'ai renoué avec mon ex. Alors… l'autre, c'est de la rigolade, il pleurait sur sa femme. Pas trop bien dans ses pompes. Je l'ai vu une deuxième fois, j'ai mis une souris blanche dans la gueule du chat avec la queue qui dépasse et je l'ai envoyé balader.

– Tu as mis quoi ?

– Il faut te faire un dessin ? Un tampon pour les règles, quoi ! Tu comprends les mecs qui baisent plus vite que leur ombre, c'est dur de leur dire, même quand ils sont sympas. Alors je ferme. Et toi, avec Patou ? (C'est comme cela qu'elle l'appelle.) Elle me parle du fond de la salle de bains.

– Ça va…

– T'es moins con que l'autre, excuses, mais lui, je ne l'aime pas ! C'est un malade, me dit-elle, l'air de rien en revenant vers moi une serviette autour de la taille. Ses petits seins sont aplatis dans un soutien-gorge aux couleurs pisseuses. Elle s'assoit en face de moi et c'est là qu'elle prend une pose lascive, les cuisses écartées hors de la serviette.

Je regarde sans complexe. Je ne vais pas lui dire que c'est mal : un homme c'est toujours voyeur. Ceux qui disent le contraire sont des menteurs. Donc, je lorgne, sans aucune façon, l'aiguail qui ouvre la pilosité rousse et humide de son bas ventre laiteux. Si bien que mes pensées fusent et je n'entends plus ce qu'elle me dit.

– Oui, oui, je réponds un peu excité et embarrassé.

– Le mec qui prend un concombre, qui lui fait boire des bouts de cuiller et même qu'il lui a offert un godemiché énorme, il faut voir le voir çà. Quand elle me l'a montré, du latex tout nervuré : énorme ! Elle l'a caché dans l'armoire pour que son fils ne le voie pas. Si ce n'est pas un malade…

– Je sais. ! (En fait, je ne suis pas courant.)

– Ha bon ? Elle te l'a dit, elle croise et décroise les jambes hautes. Les mains sur les cuisses, elle me toise.

– Oui, elle ne me cache rien. (Ni d'elle non plus d'ailleurs)

  Elle se lève : on a sonné à la porte. C'est Pat et Yo. Je n'en saurais pas plus sur le sujet, elle appuie sur le bouton électrique, elle fonce à la salle de bains mettre une tenue décente.

À l'entrée, Pat a fait des merveilles, sa robe bleue brillante de strass est remarquable, elle contraste fortement avec la tenue sans attrait d'Yo-Langue qui la suit comme un boulet gris, charbon, anthracite, une veuve en recueillement, les cheveux en bataille. Elle appelle cela un mini vague, vague de nuit, nocturne échevelée. Hommasse, ho ! Masse noire, qui hante le cimetière, bête de Bon Dieu en manteau à ailes de cuir noir. Rien n'autorise à penser qu'il y a un semblant d'union entre elles. Pat l'érotise, c'est de l'érotisme fulgurant et flamboyant.

– Alors comment çà se passe ? Elle est où Pat ? Cela fait longtemps que tu es sur la banquette ?

Elle m'interroge, elle déploie des trésors de questions puis elle m'embrasse furtivement au bord des lèvres. C'est comme un impact mou, en guimauve.

– Bien… Depuis un moment. Je joue, je la brave.

– Elle n'a rien proposé ? Çà, m'étonne ?

– D'habitude, elle s'occupe des gars, continue cette chère Yo-Langue en hennissant

– De quoi ? Boire ou de lui frotter le dos.

– Tu vois que tu y as pensé… Me dit Pat, avec une torsion du cou qui en dit long ?

Pat, la rousse sort de la salle de bain avec toujours la même minijupe et le même corsage que d'habitude. Elle lui coupe la parole.

– Tu peux lui faire confiance, il n'est pas comme l'autre malade.

Je regarde le trio, je m'en fous, on dirait des harpies, elles parlent, elles parlent de trop, elles mentent, elles exagèrent tout et moi, je suis le seul homme. Je suis rien qu'un pantin de bois désarticulé et muet. Yo-Langue est vautrée contre moi. J'ai l'impression de respirer son haleine chaude et aigrelette de buveuse de tisanes de menthe. Une sure odeur amollit l'air à chacun de ses mouvements sous un pull en shetland selon qu'elle se tourne vers moi ou les autres. Elle est sans âge. Au début, je la trouvais sympa, mais maintenant, je voudrais la voir loin. Nous sommes comme des chiens et des chiennes, qui guettent le même os avec une même envie alléchée. Elle materne les deux autres. « Un jour, je lui réglerais les comptes. »

On est parti en boîte. J'ai conduit comme un chauffeur de ministre et on a dansé. Pat, en rentrant je l'ai comblé, elle m'a léché le visage comme un petit chien fou.

c'est vrai, Pat, la rousse ne portait pas de culotte, en sortant du night-club, elle a dit, en grimaçant :

– J'ai vraiment froid le cul dehors et çà me pincent les lèvres. Je crois que je vais changer d'avis un de ces jours. Parole ! On a rigolé.

. Je me suis tu pratiquement toute la soirée, écoutant les querelles intestines jalouses, les litanies obsessionnelles de l'une et de l'autre.

.

Heureusement, les deux mégères ne répondent pas toujours à l'appel de Pat et c'est très bien ainsi. Donc, on se retrouve souvent en fin de semaine, tous les deux pour des agapes et des moments de délices. Je peux assouvir mes besoins d'être proche d'elle, sans que l'on soit interrompu ni que je ne sois pas jeté dans l'ombre néfaste de l'émasculation morale par ces deux épouvantails de copines.

Je sais que les soirs d'orage arrangeaient leurs affaires. Yo-Langue réprimait les peurs et les angoisses de Pat en dormant douillettement dans les draps que j'avais souillés indélicatement les nuits précédentes. Cet esprit de partage non convenu me tue. Je sens la bête insidieuse de la jalousie qui s'installe dans mes artères pour me toucher jusqu'au cœur. Cette bête qui s'insère dans le système nerveux. Elle se ramifie, elle s'insinue en douleurs stomacales, en sueurs froides, en palpitations, en insomnies, qui dérangent l'appétit, puis apporte son plein de ballonnements. Je deviens grincheux et soupe au lait. Je reste confiant, et je perds de la tenue quand je l'appelle le soir et que l'enfant roi Lion me répond ; qu'elle n'est pas rentrée ou qu'elle est partie avec Yo-Langue faire des courses que plus tard, elle ne répond toujours pas et que la sonnerie du téléphone se perd dans l'espace de mon acoustique !

À chaque rencontre, je cherche à faire oublier, à Pat, les douceurs qu'on lui a prodiguées probablement pendant la semaine.

Alors, je la complimente sur ses habits, je lui dis que j'apprécie sa présence, je la fais rire. Je prends soin d'elle, je la défends sur tous les sujets, j'admets, je la sanctifie, je l'idolâtre, je la gâte de cadeaux. Quand je suis près d'elle, je la caresse, je l'apaise, la bichonne je la calme, je la charme, je l'embrasse mille fois, je la prends dans mes bras, je la console, je la masse, je me féminise, je la protège. Je la charme pour faire mieux que cette hommasse de Yolande. Elle dit qu'« elle » est venue dormir, je suis sur le point de m'emballer, je rage, je me freine, l'incident est vite clos et je lui pose la question du doute.

– Mais non, c'est une copine. Elle dort dans son coin et moi dans le mien.

– Elle n'a jamais tenté…

– Si, mais ce n'est pas grave, tu sais entre femmes, l'amitié, c'est différent…

– Ha ! Bon. C'est mieux ou c'est quoi ?

– Tu te poses trop de questions. On est trop des amies.

– Pour être copines ?

– Mais tu n'es pas bien, si tu penses çà…

Elle éclate de rire, l'air espiègle et moqueur, un regard en demi-face, une arrogance dans la hanche vêtue d'une jupe saillante et noire :   Elle m'humilie.

– Vous ne pensez qu'à çà, les hommes. ! À ces mots, je me liquéfie en une seconde, en primaire, en plantigrade que je suis, bas et vil.

J'accuse le coup, c'est raté, je sens la honte couler en moi comme une larme de plomb. Elle se met sur la défensive et change de conversation menthe. Je ne saurais plus rien d'autre ensuite sinon que l'orage et les éclairs frappent souvent notre région. J'ai envie, à ce moment-là, de la soumettre au Pentothal. J'en conviens. L'orage fait parie de ses phobies les plus atroces. C'est son raisonnement. Ne pas chercher à comprendre. C'est cela sa façon d'être.

Mais en même temps, la liste des phobies qui la persécutent s'allonge considérablement à mes yeux. Je m'en rends compte. Je dois la protéger contre toutes ces nuisances. Ses peurs de la circulation routière, des individus louches, des maladies vénériennes, des séismes et du soleil de la méditerranée sont les plus farouches. Imagine-le pire pour elle ; se serait de se faire violer par un inconnu dans une décapotable sur la route du soleil et des vacances : l'amalgame de l'épouvante. Elle consulte avec assiduité toutes les branches des spécialistes du corps médical. Du cardiologue au pédologue, ils assument tous leur tâche de praticien sur l'un des plus beaux sujets quadragénaires du sexe féminin. Pat a l'impression de prêter son corps à la science quand elle le dévoile machinalement. Elle se promet de donner ses organes comme on lui a déjà demandé. Je deviens sensible à son discours et j'oublie mes griefs. Je retombe en faiblesse amoureuse. Je fonds comme un glaçon en plein soleil. Je la revigore de bonnes paroles et je lui promets des étés enchanteurs. Je lui suggère un nouvel avenir pour elle et son fils. Mais en suis-je capable ?

Au boulot, je suis toujours dans la liste des déclassés. Il faut remanier ; la conjoncture, le moule et les sculptures des pneumatiques. Il faut innover sinon, on dérape dans les virages et le virage que je prends est au bord du précipice. Le néo-capitaliste est en évolution, on prône la diversification et la polyvalence à outrance. Le « quinqua » doit se remettre en selle. Qu'il oublie sa matière vivante et qu'il s'enfonce dans la masse gluante et mouvante du travail ! Voilà, ce qu'ils veulent ! Il faut se remettre en question et accepter de faire une marche en avant avec les autres. Les conditions sine qua non pour survivre dans l'entreprise. Le harcèlement moral est quotidien comme un petit fer rouge qui vous pénètre le cerveau, brûlant et fumant avec une odeur de carne, de vapeur, de soufre et de fibres d'amiante camouflé. Seule, Pat me donne en l'ignorant, cette envie de continuer dans cette vie de chien. On m'appelle le « prof » : faible consolation à mon attachement au monde ouvrier. Les jeunes me congratulent, ils savent que je leur dis la vérité sur leur avenir. Certains m'ont entendu et d'autres n'avaient pas les moyens de faire autre chose que de bosser comme des chevaux de labour. Je leur fais la leçon, la façon de travailler, sans avoir de problème, en sécurité pour conserver leur corps et leur âme et garder le moral. Les cadences effrénées et en quelques mois leur potentiel humain diminuait gravement. Ils se robotisent. Je déplore cet état de mort lente. On parle souvent du tiers monde, mais les pays industrialisés cachent leurs méthodes démoniaques. Elles sont placées au même rang humain que l'esclavagisme sous d'autres termes plus honorables. Henry Ford est le premier à créer des chaînes de construction de montage automobile au nom de la rentabilité et de la souffrance humaine. Le fordisme et le taylorisme sont pratiqués partout. Franchement, je n'ai pas envie de m'étendre sur le sujet qui s'identifie à la consommation. Tout le monde dit qu'il faut aller de l'avant, mais qui en profite le plus ? Il faut revenir en arrière pour ne voir que des échecs. Simplement parce que tout le monde en est mort. Pour ne pas oublier, il faut lire les définitions dans les dictionnaires et dans les encyclopédies où il subsiste les traces du passé. « La place des grands hommes ». Les bons comme les mauvais.

Mon rêve, je crois que c'est d'arriver à la grève générale mondiale, ordonner un chaos dans toutes les multinationales et dans tous les services pour démontrer à tous les profiteurs de cette planète que le monde ne leur appartient pas. Ce serait fou, si cela se faisait un jour. Avec les moyens de communication satellitaires, on pourrait rendre la chose possible. Ce ne serait que le résultat médiocre d'une instauration du mondialisme… Une ploutocratie universelle émergente.

Côté de mes parents, c'est le calme plat, rien ne sort, mais rien ne rentre non plus. On accepte le divorce, mais depuis peu. Je dis que je cherche la perle rare. On me croit. La dernière perle est enfermée dans une coquille aux couleurs de nacre. Il faudrait qu'elle s'ouvre et c'est bien çà le problème : elle ne s'ouvre pas !

Je ne suis pas au bout de mes peines quand débute la relation sexuelle avec Pat. Je vends chèrement ma peau de phallus sous cellophane. Et puis, je lui demande de prendre la pilule pour avoir des relations plus intimes. Les muqueuses en contact, c'est vraiment de la liqueur de jouvence jouissive. Elle m'écoute avec une interrogation dans le regard, le bien pour elle ou le bien pour moi ? Moi je veux explorer et créer l'alchimie.

Je crie : victoire ! Quand la semaine suivante, elle me montre les petites pilules qui vont resserrer nos rapports affectifs. Les molécules du supra — coït. Tout de suite, je me mets en concurrence avec les ex6sauteurs de Pat. Je suis le sauveur, celui qui va réveiller les tissus et les muqueuses endormies. Je me tais malgré l'enthousiasme. Mais je lui promets des orgasmes inoubliables vaniteux, je lui dis que la nature a engendré autre chose que des concombres.

– Ça va, elle me coupe la parole en secouant entre deux doigts, la petite rangée de pilules sous plastique, je ne suis pas pour les médicaments, alors je peux les mettre à la poubelle quand je veux !

– Ma chérie, tu n'es pas la seule à en prendre.

– C'est le minimum après la quarantaine, on fait attention.

Malgré une entente parfaite, l'effet tant désiré ne fut pas obtenu, las de se faire prendre comme une ânesse, elle jeta la boîte de contraceptifs aux ordures comme un antalgique qui ne guérit pas la douleur... Je repris les habitudes buccales liées au médius, une sorte de bâton de dynamite, en espérant que tout allait exploser dans cette mine de plaisir. L'amour me poussa plus loin dans la recherche voluptueuse de cette huître perlière. Ce qui l'amena un jour après une des plus hautes envolées, de me poser une question peu commune.

– Je ne me suis jamais sentie aussi mouillée, dis-moi : est-ce que tu craches dedans ? me demande-t-elle dans un souffle

– Non ! Mais çà, ne va pas ? Étonné, anéanti et complètement abasourdi. Je me suis levé, prêt à partir.

– Si tu t'en vas, tu ne remets plus les pieds ici !

– Et voilà comment on nous remercie de plein de bonnes volontés ! Mais sache que je suis sourd quand je fais l'amour et que je ne suis pas un lama. Je crois qu'ils crachent que lorsqu'ils sont en colère et je le suis ! On est en pleine théorie des vases communicants...

– Allez, recouche-toi !

Le jour pointe sous des nuages bas et nous n'avons pas beaucoup dormi.

J'ai remarqué que la lumière bleu pâle avait été changée, elle était celle qui éclairait en veines diaphanes, les plis des draps de nos premiers amours. J'ai vu son visage, son corps splendide et je me suis recouché. J'ai passé outre ce détail navrant. Rien n'est parfait. Les choses intimes, j'aurais préféré ne pas en parler. Mais je suis un homme avec un gros hypothalamus avec des besoins d'amour et de tendresse. Et là, je suis loin de faire dans l'industrie littéraire du sexe. Pat s'est endormie, plus belle que jamais, remplie d'une humidité amoureuse.

J'ai encore peur de la perdre.

Ce matin-là, je suis arrivé de bonne heure.

Elle n'a pas remis la petite lampe bleue. La musique en sourdine est remplacée par les injures et les plaintes des voisins qui s'engueulent. Dans cette chambre à la lumière diffuse à travers les voiles des rideaux, je cherche une odeur, de jalousie, de tromperie, mais elle exalte toujours une sublime senteur de repos, du corps féminin. Aucune autre odeur n'exsude rien que le parfum « Hermès » de Pat. Et pourtant, il me semble que quelque chose a bougé ou a été déplacé. Cette idée s'aiguillonnait sournoisement dans mon esprit. La douceur des draps, le moelleux des oreillers sont intacts comme dans un jour de printemps aux arômes de violettes. (Celles des adoucisseurs de lessives)

J'ai vu les slips et les culottes sur une chaise et la robe brillante de strass. J'ai senti une fumaison de tabac froid, le nez dans les paillettes. Je me suis reculé vers la chambre du roi – lion. Pat est encore au téléphone avec Yo-Langue. Hier au soir, personne n'a répondu à mon appel : elle était absente et le lion aussi. Je rentre dans les toilettes, je tire la chasse d'eau, plutôt gênant le bruit. Je n'avais jamais remarqué ce barouf de l'eau qui s'écoule. J'ai reçu dans les narines une forte exhalaison de désodorisant. On aurait cru que l'on aseptisait, que l'on récurait pour assainir et pour désinfecter tout l'appartement.

– Alors c'est le grand nettoyage après l'hiver ?

– Ha ! Tu vois, me répond-elle sans me regarder un chiffon à la main tout en astiquant sans effort la table basse du salon, retenant un rire celui qu'elle a quand elle est prête à mentir. J'ai le temps de lorgner du côté du petit bar sous la télé et de voir que la bouteille de *Wild Turkey* était sèche.

– J'ai téléphoné hier soir et tu n'étais pas là ?

– Si, des maux de tête, j'ai pris des saloperies pour dormir : çà sent le mensonge jusqu'au bord de ses lèvres.

– Tu es allé te coucher à quelle heure ?
Elle réfléchit,
– Vers neuf heures ! Et là, je la piège.
– J'ai appelé avant de venir.
– Tu crois ? Et elle me jette le doute.
– Tu es sur de l'heure ?
– Je suis allé chez Yolande et je suis rentrée.
– Bon, voilà tout…

Bon joueur, je me casse, car je ne suis que de passage, j'ai sonné et elle m'a ouvert ce matin, elle était déjà debout, habillée. Elle m'a demandé quand même pourquoi je suis si matinal et j'ai déboulé chez elle sans prévenir. J'avais envie de lui dire qu'il serait bon de savoir ce qui se trame dans sa vie et dans la mienne, pourquoi je n'étais pas convié à cette fête ?

– Je fais des courses, je viens te faire un bisou.

Quand je suis arrivé, je l'ai embrassé sur le nez, car elle tenait le combiné près de son oreille. Yo — langue au bout. Là, dans ce lieu, j'ai humé cette âcre odeur d'eau de javel. Je suis étonné par tant de mesures d'hygiène. Maintenant, je flaire la dissimulation et je sors de l'immeuble après le bisou. Arrivé sur le parking. Elle me signe en bras ballant de sa fenêtre comme si elle voulait faire signe à une automobile de ralentir. J'ai rendu le signe, agacé, exaspéré par cette gaucherie. Je ne la verrais pas avant quelques jours. La langue de bois, ce silence me torture.

Après le boulot, j'appelle Yo-Langue. Elle patauge dans des explications contradictoires, ne sachant donner de la vigueur à son histoire. Elle laisse tomber le morceau.

– Bon, écoute. Hier l'ex a tambouriné à la porte de Patou (tiens, c'est le surnom entre les deux femmes). Il a tellement fait de merde, qu'elle lui a ouvert. Bon ! Chantage au suicide. Des : je t'aime ! à tour de bras. Il était pété, un état avancé, je ne te dis pas le taux. Il a tout renversé avant de prendre un couteau de cuisine. Heureusement, le lion n'était pas là, il a pleuré comme un gosse. Patou s'est enfermé dans les chiottes en attendant le pire. Son chantage à continuer, il voulait se foutre en l'air ! Puis, il est tombé près du couloir, moitié raide. Elle m'a appelé et quand je suis venu, il parlait, il délirait, allongé sur le sol .
– Alors ?
– J'ai proposé pour qu'on le ramène chez lui, Patou et moi, on l'a aspergé d'eau, il a vomi partout. On l'a descendu par les escaliers en le portant sur nos épaules. Lourd, le gars ! Mais on a réussi à l'embarquer dans ma voiture et on l'a déposé sur le palier de sa vieille bicoque de merde. Car c'est la puanteur chez lui. Il a des affiches de femmes du porno à poils dans tous les coins. Des os de vache et de cochons en peinture pendent dans la montée d'escalier. C'est Rungis en couleurs, exposition à la place du Grand Palais de la viande. Œuvres d'un artiste équarrisseur membre de « l'association des désosseurs à la gouache ». Le plus mauvais, une omoplate de veau illustrée avec une fille aux lèvres rouges avec une langue de porcelet suçant une glace persillée, des esquisses à la « sanguine » de bestiaux.
– Vous l'avez laissé là ?
– Ben ! Oui ! S'il veut se suicider, qu'il le fasse chez lui, tu n'es pas d'accord ?

– Si, bien sûr ! mais, quand il est arrivé chez Pat, était-il déjà bourré ?

Cette question était importante pour moi. Je ressentais comme un malaise, comme si une pièce se trouvait manquante pour que l'histoire soit vraie.

– Je ne sais pas, quand je suis arrivé, il n'était pas en forme, je ne sais pas s'il aurait reconnu sa mère, d'ailleurs un moment, il a cru que j'étais sa fondatrice. La honte, mamie !

– Est-ce qu'il est déjà venu avant-hier ?

– Oui, je ne veux pas te le cacher. Il la harcèle constamment, mais alors tout le temps.

Elle me récite une resucée de la petite cuiller dans le verre et du concombre. Je la laisse parler : question de comparer les versions. Cela l'arrange bien cet incident ! Elle compte les coups. Comme si les Lesbiennes étaient sans problème, du même sexe donc l'égalité et quand on est bi on peut mieux s'apercevoir de la différence. Simple non ?

Je raccroche et je me jette sur la banquette. Double ou triple jeu ? Pat n'est même pas capable d'un seul jeu. Elle semble même ignorer tout l'engouement qu'elle suscite et les passions qu'elle alimente sexuellement. Plus pour son corps de rêve que pour son charisme peu convaincant. Il est vrai que beaucoup d'hommes lui ont offert un pont d'or suspendu par des fils en argent sur une rivière de diamants. Mais la liberté à un prix qui n'équivaut à aucune fortune. Je pense que sur ce point, j'étais d'accord avec elle.

La magie de la télécommunication et un quart d'heure après elle est au bout du fil. Elle s'excuse pour hier soir. Yo — langue t'a peut-être tout raconté ? Elle en fait une affaire personnelle alors, elle ne va pas s'étendre sur le sujet.
– Quel sujet ?
– Lui, le malheureux, il faut le comprendre, il se sent abandonné de tous et de moi en particulier. Il a besoin d'une bonne thérapie.
– Quel genre, pour le soigner ?
– Ben, je ne sais pas, mais je ne veux pas me rendre coupable d'un suicide.
– Mais, il ne le fera jamais, ceux qui le font n'en parlent pas forcément, il trimbale le poids de leur croix avant de se coucher à côté. Avait-il bu quand il est arrivé ?
– Pourquoi, me poses-tu cette question ?
– Réponds-moi ?
– Oui et alors !
      – Si j'arrive chez toi ? J'ai bu, tu m'ouvres ? Me sers-tu à boire pour me calmer ?
      – Ça, non. !

– Et pourquoi lui qui a voulu te faire avaler du Guy —
Degrenne, te tuer de l'intérieur, te manger les tripes à
la petite cuiller, tu lui as offert à boire quand il te l'a
demandé et tu es devenue complice de sa tentative de
suicide. Tu lui as dit que tu voulais bien recommencer
s'il ne faisait pas de connerie. Vous l'avez ramené
chez lui avec son consentement sinon vous l'aviez sur
les bras. Deux femmes ne peuvent pas transporter un
tas de viande pareil. Tu as sûrement déclaré que tu
l'aimais encore et juré de rester près de lui. Mais… en
attendant pour qu'il soit d'accord pour aller cuver dans
sa porcherie et pour le bien de Lionel qui ne serait pas
content de découvrir cette histoire.

– Comment sais-tu tout çà ? Yolande ?

– Non, mon petit doigt, et mon grand nez.

– Bon… c'est mon affaire, je le considère comme un
ami, mais plus mon amant.

– Et moi, je suis placé comment dans ton esprit ? Elle
réfléchit deux secondes et dit :

> – Toi, ce n'est pas pareil… Elle ricane de me
> voir poser cette question qui embarrasse un
> peu.

Je n'ai jamais aimé faire la découverte de ce que les autres pensent de moi ! Je me suffis bien à moi-même et cette niquedouille me marque des traces nuisibles dans mon esprit. J'arrête la conversation en l'embrassant avec la promesse de la rappeler. Je me contente de cette réponse lapidaire et je sens que je me liquéfie.   J'essaie de chasser les vieux démons qui m'agitent et je monte dans mon ancien refuge au dernier étage de la maison. C'est un endroit d'homme : d'isolement. Sur une table, les pots avec les pinceaux collés comme des moustaches, leurs poils de martre, les soies de porc sont compactés dans les mélanges et durcis de l'essence de térébenthine. Un passé de couleurs, de brillance, de médium d'ocre, de vermillon sur une palette bariolée, d'amalgames colorés, mais éteints. Les toiles inachevées sont alignées contre le mur attendant le renouveau, presque offertes au peintre qui pourrait leur donner une seconde vie, perdre ce goût de l'inachevé. Un chevalet abandonné avec moi devant amputé d'une part très forte d'envie de peindre. Des œuvres simples, cachées, des dessins sans histoire. Je suis assis au milieu de cet endroit sur le tabouret tournant, déchu de mon talent. Je ne suis pas foutu de reprendre un crayon ou un pinceau, d'étaler les couleurs de terre de Sienne, d'ocres jaunes, de renifler les vernis, les essences, les odeurs de térébenthine. Ma teinte préférée : Le carmin de Garance. Rien que dans le mot, le mauve éclate dans sa splendeur. De voir jaillir les couleurs et les pigments dans leur audace, de classer une primaire et une secondaire dans la règle d'or d'une perspective cavalière. Les fusains sont en deuil et incapables de faire vivre un dessin. Je les fais glisser entre mes doigts, ils me noircissent l'esprit. Ils sont défunts de mes créations. Tout semble s'être arrêté. Le temps détruit le temps. Rien ne s'oppose au phénomène sinon pour certains qu'il est suspendu, un instant dans un moment de bonheur intense.

Je n'avais jamais remis les pieds dans cet atelier depuis mon divorce ou alors qu'en passant rapidement pour y faire d'autres besognes. Des ondes nostalgiques me traversent le cerceau venant du plus profond de moi. J'avais banni de ma vie toute cette histoire de l'art. Les peintres d'inspiration Gauguin (que sommes-nous ? Que devenons-nous ?) Van Gogh, Le Cézanne, Utrillo, Manet, Renoir, Andy Warhol sont hors de ma vie quotidienne.
La renaissance, l'impressionnisme, le baroque, le pop art : une culture qui s'évapore. Je déplore le ravage, ma perte intellectuelle au profit d'une décadence involontaire. Une détresse impalpable, un désert de sentiment, je reste assis sur mon séant pendant des heures. Une grande tristesse et une haine qui viennent se mêler à tous mes tourments. Mon incapacité à trouver un semblant de vie agréable. Regarder les tableaux, et me demander si c'est vraiment moi qui ai créé, tracé cette prospérité.

Je suis descendu, j'ai pris quelques verres Campbell et l'alcool a fait son effet de démolition. J'ai pleuré et j'ai ragé contre toute cette masse gluante qui m'entoure, contre mon manque de jugement et le mauvais choix de mes partenaires. J'avais envie de voyager, fuir pour ne pas tomber, miné par les atroces circonstances où la vie m'avait plongé. La Polynésie, les îles Barbade, l'Afrique… n'importe où, mais ailleurs !

Le lendemain malgré une gueule de bois des plus mémorables, malgré le paracétamol, et les quantités d'eau ingurgitées, je téléphone à Yo-Langue.

– Comment vas-tu ? Hier, j'ai eu Pat…

– Oui, alors, comment va-t-elle ?

– Yolande, tu m'as menti hier, ton histoire ce n'est pas la même que Pat. Là, je vais directement au sujet…

– C'est elle, qui m'a dit de te dire tout çà.

– Ha ! D'accord, pourquoi ?

– Tu rentres trop dans sa vie privée... ce qu'elle m'a dit.

– Ha ! D'accord, je comprends bien, il lui en faut donc un pour le dimanche et un ou une pour la semaine.

–…

– Quoi ? C'est vrai, c'est son côté altruisme et humain. C'est comme cela sous cette formule qu'elle cache ses turpitudes malsaines. De toute façon, je ne serais pas là dimanche prochain, je reste auprès de mon fils, je pense avoir un peu oublié sa présence depuis ces temps derniers et je ne voudrais pas à avoir à me le reprocher ensuite. Ça donnera de la place à toi et son boucher. J'ai cette désagréable impression de me faire mener par le bout du nez.

– Il ne faut pas lui en vouloir, elle n'a pas eu de chance avec les gars jusque là.

– Là, avec les filles, tu crois que oui ?

– Je ne veux pas dire çà, mais au moins, avec moi, elle n'a pas de problème.

– Bon ! On laisse les choses à leur place, allez, au revoir.

– Oui, au revoir, dimanche ce sera carnaval, elle sera déguisée, il y a un concours à la « Fiesta ». J'y serais peut-être ? Je savais déjà que tu faisais le papa-poule.

– Au revoir, à bientôt.

Je suis trop affligé pour continuer une conversation. Ma tête tape contre des boules de plomb. Je ne cherche rien de plus que le calme et la douceur. Depuis mon divorce, j'ai chassé la souris et je suis tombé sur des nids de guêpes.

Nous étions à trois personnes à vouloir posséder le même corps : celui de Pat. Une poupée Barbie au cœur de porcelaine qui bat grâce à la disquette rieuse plantée dans le ventricule gauche et qui s'enclenche quand on lui appuie sur le ventre. Ce rire moqueur, désarmant, désopilant.

Personne ne voulait de son âme, de son esprit, de son cerveau qui n'a rien d'intéressant qui n'est qu'un vulgaire bulbe rachidien avec ses deux hémisphères mous ; une matière grise non éminente. La nature fait souvent ses choix et pour certains elle fait subir les choses.

Elle parle de façon alambiquée, au goutte-à-goutte, pour chacun sa dose d'endorphine. Je commence à comprendre le jeu : elle puise dans chacun la dose mesurée de nourriture existentielle dont elle a besoin et pour cela, il faut qu'elle partage ses moments et ses envies. Échanges de bons sentiments et de corps à corps. Atteint dans mon orgueil de mâle et coupable de jalousie, cette maladie passionnelle et déséquilibrante m'envahit sournoisement. Elle se manifeste progressivement et s'installe nerveusement dans mon cortex. Je ne peux plus regarder la télé pour retrouver le calme et lire encore moins. Je tourne en rond, je creuse un fossé entre elle et moi et je commence à les haïr tous. Il faut que je me soigne. Je souffre de l'intérieur, un blocage lourdement installé en moi provoquant un sifflement sinistre et asthmatique dans mes poumons.

Je regarde une cassette du « Titanic », mais je coule comme lui, avec lui, emportant toutes mes illusions. Le film trop long pour me distraire alors je lui envoie les ondes de la télécommande, et finalement je coupe le téléviseur : prostration.

Je freine l'envie de téléphoner à Pat. Je ne veux pas qu'elle ressente mon angoisse ni mon désarroi. Mais en est-elle consciente ? Parée de son narcissisme, elle ne peut que faire la sourde oreille et continuer son manège sans aucune appréhension accompagné la désinvolture qui la caractérise. Ne tenant plus, je décroche, et je lui sers des banalités en guise d'introduction. Elle rit de la même cette façon qu'a l'accoutumé en répondant à chaque question. Ce qui a le pouvoir de m'exaspérer au plus haut point. Touchée au vif par mes questions, c'est elle qui élève le débat.

– Mais pourquoi, tu me demandes tout cela ?

– Je veux savoir pourquoi, je ne suis pas convié à cette fête ce dimanche. ?

– Tu as ton fils et tu n'as sûrement pas de déguisement à ta portée. C'est cher les fringues à louer. Je pense que c'est évident que tu ne seras pas présent. D'ailleurs, je ne sais pas si cela t'amuse de te déguiser.

– Pour une soirée, je peux changer de personnalité. Sortir de mon naturel et vivre à la place d'un ou d'une autre. Je peux me métamorphoser en chien à puces ou en puce à chienne, en cannibale, en flic, en ours, en aveugle voyeur, en hitlérien, en saint, en bébé, en femme ou en vieil ivrogne. Je ne sais pas moi : une quantité invraisemblable d'autres personnages que moi.

– Bon, alors la prochaine fois, tu viens dans ton habit de carnaval, d'accord ?

– Et toi ? Comment, vas-tu te présenter au concours ?

– Je ne peux pas te le dire.

– Pourquoi ?

– …

– Réponds, ce n'est pas un secret d'État, d'ailleurs je le saurais par Yolande, elle y va peut-être, alors pourquoi faire tant de cachotteries ?

– Pour des raisons liées au concours.

– Mais, moi je ne serais pas là, alors tu peux me le dire.

– C'est à cause de mon ex. Je ne voudrais pas qu'il sache que tu sais comment je suis déguisée.

– Ha ! Bon ! Lui est au courant de l'embrouille ?

– Non, mais c'est lui qui a trouvé les vêtements…

– Des habits de boucher, coiffé avec une tête de cochon ?

– Mais non, tu es cynique, ton humour grave laisse tomber, c'est une affaire ! On me prête tout pour rien alors, ne cherche pas à comprendre et j'espère bien gagner le prix. Tu seras content si je l'emporte non ?
– Je ne sais te dire, mais tu aurais pu me dire quel personnage tu vas incarner. Tu couches avec moi, tu dis ne pas aimer l'hypocrisie et tu es la première de nous deux à en jouer. Ce n'est pas net ton affaire.
Le ton est monté, et ma grosse voix sonne fort.
Elle me coupe la parole.
– Tu ne vas pas me faire des histoires parce que je vais au bal sans toi. Es-tu malade ou quoi ?
– Ne te fais pas de mouron, je saurais la vérité.
– Embrasse ton fils pour moi. Je t'embrasse aussi. À la semaine prochaine, OK ?
– Hum ! … Ciao !

Je raccroche, excédé, son rire sarcastique résonne dans ma tête comme des rafales en crépitements brûlants. Elle a le don d'outrepasser les questions litigieuses et tendancieuses. Elle frôle la raillerie, c'est inné, elle le sait, elle connaît ses qualités, les envies qu'elle éveille. Chacun de nous veut simplement toucher sa peau, l'effleurer, la caresser, la palper, la masser, la faire frémir, la colorer, la sentir, la respirer, la lécher, la léchouiller, y boire l'eau, y sucer le miel, la baiser, l'embrasser comme un suprême délice, une sublime gourmandise, s'enivrer de ses vertiges sensoriels et parfumés. Elle a cet acquis inexpugnable. Rien de comparable à d'autres touchers, ce sont des amalgames de velours et de soies chaudes veloutées, une loi de l'apesanteur corporelle mélangée aux huiles essentielles. Un hymne à la sensualité et à la fragrance du corps. Cette attirance était inconnue de ma part auparavant. L'allégresse, le plaisir, le bien-être, l'hédonisme, l'envie de la posséder et de m'assouvir de cette enveloppe charnelle jusqu'au dernier grain de peau. C'est bien ce que j'avais peur de perdre encore une fois. Quand elle me lèche le visage comme un jeune chien, je suis presque courroucé, mais c'est l'aboutissement de sa jouissance ! Elle exprime sa tendre reconnaissance en me lapant comme toutes certaines mamans animales le font avec leur bébé.
Ce corps m'échappe graduellement, un corps de femme avec toutes ses splendeurs et ses richesses. Son âme, je n'ai jamais cherché à la conquérir.

Elle n'a jamais occupé mes pensées ni par ses paroles ni par ses sentiments. Ce qu'elle me dit est sans importance. Rien ne m'interpelle dans ses phrases railleuses et monocordes si ce n'est qu'elle reflète d'un sentiment de détachement inconscient.

Pat est de la chair avec des pores suintants, de l'épiderme finement odorant, des plis et des formes gracieuses, dessinées et croquées, un subtil et parfait échange métaphysique entre le tissu organique et le délicat exalté, sucré d'un parfum soigneusement élaboré et choisi. La classe dans ce domaine, un nez peut-être. Une coquette insolence dans la diversité : fleurs des champs, des bois, de plantes tropicales, de musc et de bois de santal, essences enivrantes et supra sensorielles. Seul ce raffinement peut me combler, seul ce contact érotique peut me bouleverser, mais après avoir goûté cette alchimie, le néant culturel prenait le dessus et plus rien ne m'accrochait à elle. Je prends conscience de cette vérité et je m'insurge contre cette conduite navrante dont je fais l'objet. Femme-objet, femme — potiche, que sais-je ? Je suis perplexe devant si peu de réflexion de ma part : une femme aussi belle qui cherche l'âme sœur par le biais d'un journal ne peut présenter que des inconvénients ! C'est elle qui m'a choisi et non le contraire et c'est elle qui m'a mené jusqu'à ce jour inconsciemment, mais calculé. Maintenant il faut que je sache. Bourrée de complexes, de phobies, jouant de non-dit et d'interdit, elle avait sûrement déplacé une foule de mecs, tuant les prétentieux et entraînant les moins acharnés comme moi dans son sillage introverti.

Je ne suis pas dupe alors je veux tout savoir ainsi que le fin mot sur son curieux comportement.

Elle est masquée.

C'est dimanche, le temps est ensoleillé, une nappe de douceur recouvre la nature. Les arbres reprennent leur verdure en feuillus timides et les champs se jaunissent de leurs boutons d'or. Les paysages retrouvent leurs couleurs égayées de cartes postales vivantes et redonnent l'envie de goûter aux plaisirs de la vie. Vivre intensément les instants présents. Je ne ressens pas cette exaltation. Le bras accoudé à la portière, je rejette cette sensation, car les douleurs morales et physiques de l'hiver sont ancrées profondément dans mon cortex. Monsieur Winter s'en va simplement laissant derrière lui, les traces d'un parcours froid et humide. Le figuré et le réel se mélangent affreusement dans mon esprit. Et si la vie n'avait que ses saisons plutôt que ses raisons, je serais plus optimiste qu'aujourd'hui.

Sans avertir quiconque, je rejoins Pat au concours de déguisement. Mon seul espoir peut-être de la garder, de reconquérir son estime. Malgré une certaine rancœur, je voulais savoir quels étaient ses sentiments à mon égard. Comment allait-elle accueillir mon intrusion sans prévenir ? Surprise agréablement ou au contraire, fâchée à mort de bousculer son plan ? Je m'imagine une quantité de scénarios alors que je roule sans équivoque vers mon destin. Pour en arriver là, il a fallu que je prenne ultérieurement cette décision. Après notre dernier coup de fil, j'ai longuement réfléchi. Trop de non — dit, des réponses troublantes et des mensonges me tuent le moral en silence . Je me sentais frustré et rejeté de son univers. Alors j'ai foncé…

J'ai commencé par téléphoner à mon ex, Jo. Je lui traduis en termes simples, mais convaincants, que je ne pourrais pas tenir la garde de Gus tout le week-end et ce serait bien si elle pouvait reprendre son rôle de mère ce dimanche : un ennui de dernière minute avec la blonde qui m'accompagne. Elle ne refuse pas, mais voudrait bien savoir quels genres d'emmerdes dont je suis porteur, elle me cause, elle me questionne un peu histoire de savourer mes petits échecs et la façon lamentable de gérer mon statut de divorcé. Je joue franco et cela la fait rire, mais elle accepte de me rendre service. En contrepartie, il faudra bien faire les choses en retour quand le moment sera venu.

– Sacré – toi ! Salut mec ! En raccrochant le combiné. Clic ! Crac...
– « Ouf ! C'est gagné ».

À Gus, j'explique mes ressentiments et pourquoi, je suis ou plutôt, je me sens obligé de faire cette démarche. Le résultat sera probant, je lui promets d'autres dimanches plus beaux et plus amusants. Il ne m'a pas jugé au contraire en grand bonhomme presque majeur et semblé même être, tout entier voué à ma cause. Ayant reçu l'aval de mon entourage, il a fallu trouver un costume pour partager la liesse carnavalesque. En premier lieu, j'avais opté pour une tenue de fakir ou d'Arabe du genre Ali Baba. Mais la djellaba a craqué sous les bras quand je l'ai enfilé et le nez aquilin adéquat avec une monture de lunettes me faisait affreusement mal. Et puis, je n'avais pas envie de faire le marchand d'oranges ou de melons. Il était bien trop tard pour louer un costume. En retournant les tiroirs des commodes et des armoires pour trouver des vêtements de fortune, j'ai découvert l'objet le plus marquant de l'histoire de ma séparation au fond d'un tiroir. Il était là, avec son élastique blanc, recroquevillé, luisant, cette forme arrondie, une boule rouge : mon nez de clown. Je l'ai gardé au creux de ma main et puis comme dans un protocole, je l'ai mis sur mon nez, solennellement. J'ai observé dans la glace au-dessus de la commode son effet et puis je suis monté prendre un de mes pinceaux, j'ai dessiné une larme sur ma joue avec de l'essence de térébenthine et de la peinture à l'huile, du noir profond. J'ai rempli cette larme de bleu et de blanc comme dans un tableau de Bragolin (méconnu, mais très vendu). En quelques minutes, je suis devenu un clown pathétique et larmoyant. Celui que je voulais être. Celui devant lequel Pat devrait s'émouvoir !

Pour les habits, j'ai trouvé une chemise vert pomme en soie très pétante. Sans me poser la question de savoir si le vert est une couleur que les artistes ne portent jamais en scène et d'en faire une persécution maladive. Le chapeau de mon grand-père paternel, blotti au fond d'une armoire. Une merveille en feutrine noire au bord usé et la corolle déformée et légèrement mitée. Un borsalino. Un coup de poing dans son milieu, une torsion sur les côtés, voilà par magie le chapeau de l'Auguste Grock (Adrien Wettach), d'Achille Zavatta. Le pantalon de grande taille, je l'emprunte à mon voisin qui ne s'étonne de rien, il ne demande aucune explication. Pour le col, un nœud papillon des années soixante-dix, large et épais en satin brillant et aussi vert foncé. Mais alors la plus merveilleuse des trouvailles, ce sont les chaussures bourrelées, de véritables tatanes. Bien enfermées dans leur boîte en carton, elles sont vernies, noires et rouges. Insupportables, elles chauffent les pieds, elles ne respirent pas, mais elles sont jolies, de plus très pataudes. Elles donnent au pied l'impression d'une plus grande pointure. Un genre que portait le groupe l'Affaire Luis Trio. Mais elles vont très bien avec l'ensemble.

Gus me rassure : « c'est du correct, c'est même bien avec une veste de sortie élégante ». Pour éviter les problèmes de pied, je décide de prendre une autre paire de chaussures. Le tour est joué. Je suis prêt à faire rire ou à faire pleurer. Quelques grimaces et des mimiques de cirque, je tire sur mes bretelles à carreaux, le nez rouge élevé vers le ciel, le regard attendrissant : je ne pensais pas qu'un jour tenir ce rôle de pitre désenchanté.

La nuit dernière, j'ai mélangé les rêves et les cauchemars et je me suis levé quand même en pleine forme. J'avais vidé mon conscient et repris l'équilibre. Je me sentais moins accablé que ce matin. Je suis décidé à faire la lumière dans mes étroites pensées, a jeté l'éclairage sur mon obscur parcours, à ouvrir une nouvelle fois la boîte à Pandore en libérant les aspects les plus troubles et reprendre confiance en l'avenir. Le futur est enfermé, bien plus hermétiquement dans son coffre que dans les boîtes à souvenirs.

Comme pour aider, Cat me téléphone et Thérèse aussi. Cat se justifie d'un petit coucou. Est-ce que par hasard, je n'aurais pas une petite place pour elles dans ma vie ? Thérèse promet de se racheter, si je suis disponible la semaine prochaine. Je suis bien trop occupé pour répondre à leur demande et pourtant toute la sincérité du monde coule dans les paroles de chacune d'elle. Je fais de la résistance et je les remercie avec tendresse remplie de mots sympathiques. J'aimais Cat par sa franchise et sa simplicité moins que par son attirail de défense. Un exercice de style comme si je m'adressais à Pat la blonde dans une sorte de répétition avant la première. D'ailleurs, je n'ai préparé aucune réplique, ni discours ni excuse de me trouver là. Je suis dans mon plein droit même si elle m'a fait comprendre que je ne devrais pas m'y trouver pour éviter de la décevoir ou tout simplement être moi-même déçu !

« À la semaine prochaine, OK ? » Comme une supplique que je me devais d'exaucer de la manière le plus élémentaire possible ! Je crois que le côté vicieux de la phrase se trouve bien là, dans le OK ? Qui devient le « hic interrogatif ».

Mon ex-femme, je la connaissais, je savais comment elle présentait ses desiderata. J'étais toujours en avance sur elle de quelques minutes ou quelques longueurs, c'était suffisant pour combler le vide qui pouvait survenir. La seule fois où elle a pu me tromper, vraiment ce fut la dernière, quand elle m'a dit qu'elle partait : je n'avais pas compris. Mais, le cas de Pat est plus difficile, elle est imprévisible. On ne peut pas dire que c'est l'osmose entre elle et moi ! Non, rien de tout cela ! Ce n'est que du bal (balbutiement).
J'ai déposé Gus chez sa mère. Elle a eu un fou rire en me regardant descendre de la voiture dans ma tenue, mais pour ne pas me compromettre devant elle, j'ai eu le bon sens de ne pas porter le nez rouge. Trop indécent peut-être, je me suis gardé de faire la moindre allusion. J'ai fait la personne désolée et je l'ai remercié de sa gentillesse. Elle est restée un moment perplexe devant mon histoire tirée par les cheveux.

Je suis reparti vers la « Fiesta ». J'ai appliqué mon nez en plastique sur le mien, je me suis arrêté dans une station-service et dans les toilettes, je me suis grimé en « Auguste pleureur ».

Les automobilistes piaffent et des enfants me font des pieds de nez et même des gestes obscènes quand je pile aux feux rouges ou aux stops tellement, je suis pressé de savoir. Je leur tire la langue et je continue mon chemin sans me rendre compte de l'effet que je dégage. Me prennent-ils pour un taré ou simplement pour rien d'autre qu'un quidam sans importance ? Je ne pense pas. Je roule avec une hargne et une insolence que je ne me connais pas. D'ailleurs, je vais au bal masqué. Pour me mettre de bonne humeur, je laisse glisser la musique de la radio dans la voiture. Je suis très en avance. Je suis sûr de voir entrer tous les convives et d'être à la meilleure place ! L'entrée des artistes, là où l'on peut voir et être vu.

J'ai déjà dépassé le grand stade de la ville. J'entends les clameurs et les applaudissements avec des variations sonores déroulantes sortant du toit en ellipse. J'ai le cœur qui se serre, je pense à mon entrée sur la piste tout à l'heure. Les gens qui me connaissent ne peuvent que me saluer sans arrière-pensée : je ne me cache pas obscurément sous un déguisement choisi. Pourtant le problème se pose à l'inverse, toutes les personnes peuvent adopter un comportement ambigu sous des voiles, des costumes et des masques, cachant volontairement les traits de leur visage et de leur personnalité.

Je me stationne rapidement et je file à l'entrée. La musique est ambiante et douce. Je cherche d'un premier regard dans le couloir les arrivants dans leurs paillettes et les couleurs chatoyantes de leurs déguisements. Je suis dans le sanctuaire, je serre la main de quelques amis que j'aie distingués malgré leur accoutrement très banal. Les palmiers en plastiques luisants et les tables en bambou, quelques ballons multicolores, des bouquets de fleurs. La piste est ronde, bleue et brillante. Elle est cernée par une petite estrade, pour les consommateurs disposés de boxes et petites tables basses et petits fauteuils. Je fraternise avec un copain, un masque lui suffit, pour ne pas être gêné pour la danse. On peut le comprendre. Même en faisant le tour des tables, je ne vois personne qui puisse avoir l'allure de Pat. Ne sachant pas comment elle va déambuler. Alors, pour ne pas m'isoler, je danse avec Marie Antoinette pétillante de grâce et de virtuosité, elle s'envole avec moi dans une série de valses de Vienne impressionnante de légèreté impériale. Je ne connais pas cette femme et je la remercie pour cet instant de délice. Je suis sous le charme de cette cavalière, car évidemment il y a longtemps que je n'ai pas aussi bien valsé. Puis, je me repose, comme un clown qui pense au bon tour qu'il va jouer. Je suis du regard tous les protagonistes de la fête. Je suis dépité de ne pas voir Pat. Me suis-je trompé de date ou de salle ? Je panique. Et si c'était qu'un leurre destiné à m'éloigner d'un autre endroit ? Je commence à douter de moi et mon cœur bat fort. Je suis tendu, j'ai envie de repartir, le temps passe, une heure, deux heures… Mais mon intuition me dit de prendre du bon temps et de voir les choses autrement.

Je me perds dans les bras de Marilyn Monroe aussi belle que dans *« Certains l'aiment chaud »* ! Une blonde bien maquillée. Le paso doble avec une Colombine et une tigresse qui se fait marcher sur la queue en riant. Mon maquillage prend l'eau, la sueur et mon histoire aussi. J'ai déjà un peu trouvé la cause dans le plus enfoui de moi-même, de ce mal qui me rongeait depuis très longtemps et que je ne pouvais admettre. Cette peur. Pour moi, Pat était irremplaçable. Pas pour la gambille dont le niveau est très bas. Pas plus que pour ses actions ni pour son intelligence, mais surtout pour son corps adorable de starlette. La peur de perdre ce corps était bien mon tourment et maintenant, je reçois des corps chauds et douillets qui ondulent dans mes mains et je suis en train de guérir du sien. Je me libère alors que mes pieds me chauffent soudainement, je prends une pause au bar, je commande un whisky, je regarde cette folle marée dansante, cette foule grouillante de beauté qui changent de couleur comme une palette vivante.

Toujours pas l'ombre de Pat, ce qui m'étonne, alors qu'il me semble l'apercevoir à travers tous ces costumes. Ces personnages de l'histoire, de la littérature, du septième art et de la B.D. Un Napoléon, un César, une souris Mickey très sexy, un Zorro, un pirate, un couple d'Alsaciens, ma Marilyn Monroe, un curé au buste décolleté et Merlin l'enchanteur. Et puis D'Artagnan et la fille qui l'accompagne. Et toutes sortes de tenues rocambolesques et moi, pauvre pitre apitoyé et malheureux dans son habit de fortune et des chaussures qui font mal. Je reste accoudé au bar, je baigne dans une sorte de rêverie inconsciente. Je suis mécontent de l'absence, de ce manque.

Je suis admiratif devant les costumes. Surtout Zorro et les deux mousquetaires. Leurs uniformes sont splendides de vérité. La soubreveste, le justaucorps, les bottes talonnées et à revers et le chapeau monté de plumes, la broderie fine galonnée et le retroussis rouge. L'épée est en plastique engagée dans son fourreau pour faire illusion, un loup lui cachant la totalité du visage, la fille est ganté de noir…

Mais ! Mais, on dirait que c'est Pat ? Je sors de ma contemplation devant histoire. Plus attentif encore, je la cherche, les yeux plantés dans les œillades de son loup. Je sens qu'elle veut échapper à mon attention, mais elle s'y prend vraiment mal. Elle danse avec D'Artagnan, mais ils dansent comme deux grizzlis sur une piste de cirque. Ils sont de plus en plus maladroits. Je reste stoïque, je ne veux pas me tromper, j'attends la fin de la série et le clou, c'est son allure dandinant, je perçois le balancement de son corps vers l'avant, c'est unique, c'est elle ! là, je la reconnais : c'est ma ruminante. Elle ne peut pas tricher, c'est bien elle. Je pose mon verre et je me précipite vers elle. Elle fait semblant de ne pas me reconnaître. Elle reste muette.
– Hé ! Pat, tu ne me dis pas bonjour ? Je la prends par l'épaule.

   –   … ?

   –   Ne fais pas l'idiote, parle — moi !

   –   … ?

   –   À quoi joues-tu ?

   –   …

   –   Hé ! Pat !

Elle s'écarte de moi, ses yeux dans les fentes du loup crachent de la colère, je reste sur le bord de la piste complètement abattu, comme arrêté, surpris et perplexe. Pourquoi ce comportement ? Pour ne pas être reconnue, se dissimuler ? Pourquoi éviter de me dire bonjour ?

Elle monte à l'estrade et rejoint D'Artagnan. Mais qui est donc ce bellâtre ? Une personne grande et des cheveux longs, de loin, je n'aperçois rien, et je ne veux pas me compromettre. Je suis en position d'infériorité morale dans ce jeu de colin-maillard. Ne pas gâcher mon image, le mieux, c'est de faire l'ignorant. Comme si rien ne se passait. Un slow. Vite, je monte les trois marches , je retrouve le couple attablé devant un verre avec Belphégor (fait gore alias Yo-Langue), assise dans son vêtement noir. Je fais celui qui respecte la comédie du bal masqué.

Je m'adresse à Pat en ignorant les deux autres comparses.

–   Tu danses Pat ?

–   …

–   Allez, viens ! Et pour toute réponse, elle secoue la tête en guise de négation.

–   …

– Bon…

L'autre n'a pas bronché : pas un mouvement de tête. C'est à ce moment-là que je devine sa face patibulaire et de psycho — Pat. Là, j'en prends un coup au cœur et à l'estomac, je suis K.O. debout. Ce pourfendeur de bidoche, ce maniaque, ce perfide de la cuiller et du concombre, cet obsédé du méga-godemiché, l'accompagne. Les chaussures me brûlent encore plus fort et la douleur me semble insupportable. Je n'ai pas envie d'allumer la cordite alors je redescends dans la salle comme si je marchais sur du feu, une marche sur le feu tamoul, mais j'implore d'autres dieux. Je me remplis de mépris et de haine. Toute cette pantalonnade où je n'étais pas convié. Insidieusement, ça me libère davantage. J'estime la situation. À bon ! Elle veut me faire du mal. Quel avantage peut — elle en tirer ? Une femme peut-elle créer un revirement catégorique et drastique dans sa vie affective sans en subir les conséquences ? Et l'amour là-dedans ? Rien, qu'une belle salope. Elle sacrifie sa propre peau pour sauver celle de l'autre. Est-ce donc de cette thérapie qu'elle parlait. À moins que ces desseins soient plus profonds et plus pervers que ce que je m'imaginais, moins ambitieux, plus bas peut-être ? Tant de questions dont je ne réclame aucune réponse. J'ai déjà tout ce catalogue négatif inscrit dans ma tête.

Par dépit, en sachant pertinemment que cette romance n'aboutira nulle part, je décide sur-le-champ, de faire contre mauvaise fortune, un entracte à ma tristesse. Je vais m'amuser et montrer à cette conne que le monde peut tourner sans elle, sans sa peau. Mais avec une sortie spectaculaire avec l'honneur qui va avec, comme un vieil artiste qui quitte son public. La vraie justice dans ce bas monde est celle faite par des hommes, pour les hommes. Elle ne guérit pas de tous les maux, mais elle soulage un peu. Aucun tribunal pourtant n'existe pour punir des méfaits de la petite méchanceté morale, des vils, des cerveaux destructeurs, des bouffeurs de conscience, des vampires et des mégalomanes, hommes et femmes confondus. Il faut des preuves matérielles, des témoins de ce que l'on avance. On commence seulement à reconnaître juridiquement le harcèlement professionnel, moral et sexuel. Bien, mais comment les victimes s'en sortent-elles ? Qui y gagne le plus : les avocats pour étoffer leur cabinet, mais après le jugement qui prend soin d'aider, les médecins, les psychiatres ?

Pas vraiment de justice... alors je me lance dans une farandole époustouflante. Je gambille aux sons des rythmes sud-américains, je vole sur le parquet comme si je retrouvais l'instant sublime le souvenir intense, les élans charnels avec cette charmante Guyanaise sexy. Samba, salsa, tango, paso double rock, slow, je change de partenaire pour chaque cycle. Les pieds sont douloureux, mais je garde le contact avec mes grolles. Marilyn Monroe, ensuite un « Charlot "exubérant fou de joie fait les petits pas du cha-cha-cha. Je danse le slow avec une Cléopâtre en minijupe et le tango argentin avec une religieuse souriante. Tout est dans le déhanchement, pas de côté, le pied qui file, file, revient, relance le corps haut et droit. Des danseuses merveilleuses, qui virent bien, glissent le pas comme dans les salons. J'ai envie de faire des claquettes ou des entrechats, du swing à la mode Fred Astaire ou du Patrick Dupont... Nous apportons un côté comique et gracieux à la fois, les jambes se croisent et les chevilles tournent dans un accord parfait. En bon guide, leurs corps s'épanouissent comme des fleurs au soleil. Je garde mon nez rouge, mais j'ai essuyé mes larmes dans les toilettes. Je les ai remplacés par des pommettes rouges à l'aide d'un rouge à lèvres prêté par une Bécassine sympathique... (Celle-là, elle a une bouche !)

Les 'mousquetaires' sont des guignols et même des statues de cire du Louvre, des marionnettes de cartons engoncés dans leur déguisement. Un spectacle navrant ! Qui s'accroche à l'autre pour ne pas tomber ! Je les dépasse, les nargue avec l'insolence qui me caractérise, je virevolte avec désinvolture autour d'eux. Tout est dans l'art de les éviter tout en marquant ma présence et mon territoire avec mes belles prétendantes du moment. Je vois à travers leur masque à guipure, les rictus et les maladresses. D'Artagnan et sa fille (elle se prend pour Sophie Marceau) sont lourds. Je m'aperçois que j'agace le psycho Pat. Quand, dans l'élan je le frôle, je sens des ruades, des coups d'épaule et même des coups de botte, de genoux, mais je ne recule pas au contraire, j'affronte sa grande carcasse dans le mouvement, je suis maître dans l'art de l'esquive, j'ondule avec mes cavalières, je domine mon sujet avec allégresse. Je sors, essoufflé à chaque série, mais je sens que je me débarrasse de tous les liens qui m'entravaient auparavant.

Je note le manque de bravoure du D'Artagnan de pacotille, un poltron, mais je me méfie de ses réactions, je sais que ce mec est un malade. Quand je les regarde se batailler pour tenir debout dans un équilibre incertain, gainé dans leur uniforme, je ris sous cape (ils portent leur croix sur le dos). Pat n'est pas faite pour remettre de la légèreté dans leur chorégraphie. Le couple est ridicule malgré tout. Leur exhibition fait rire en sourdine. J'entends même dire — ils sont beaux, mais ils dansent comme des paysans dans un champ de patates ! Je me moque, c'est normal !

La fin du concours est annoncée.

Le gagnant est ce déguisement dans le style et dans la création. Le D.J. s'écrie en le montrant du doigt : c'est ce monsieur ou cette dame… c'est un œuf qui gagne le premier prix… » !   En effet, l'œuf en paillettes brillantes et multicolores avec deux trous pour voir avec deux bras et deux jambes en collant vient prendre son prix. On dirait un oisillon à la naissance avec des baskets. C'est génial. Dire que je ne l'avais pas remarqué, cette éclosion… Les mousquetaires repartent bredouilles. Une victoire intérieure à mon actif. Je perçois sous leur face dissimulée leur déception. Je savoure. Ils remontent à l'estrade, la tête basse comme à l'échafaud. C'était peut-être là, le seul enjeu dans cette soirée, être reconnu enfin mais sous une autre personnalité ! Si c'est çà, merde alors ! C'est bas comme gageure. Leurs faces cachées, par leur mauvais moi profond sous un loup, alors c'est loupé. Et cela me renforce, dans l'idée que j'ai de leur aspect négatif. Elle qui balade ses phobies et lui, qui apporte ses vices. Qui se ressemble s'assemble, me disait-on quand j'étais enfant. C'est possible…

. C'est possible…

C'est presque la fin, certains ont revêtu leur parure de ville, manteaux et cache-nez, car il fait encore frais en cette saison paradoxalement à la présence du soleil. Quelques couples s'éloignent de la sortie. Charlot et la reine d'Égypte. La musique a repris, c'est un slow et je redeviens triste, car on joue *Été indien*. Jo Dassin qui revient dans mes oreilles alors je me projette plus de vingt ans en arrière, j'étais heureux et amoureux de ma femme... vraiment l'été du bonheur. Je n'ai pas le courage de faire cette série et quand la musique reprend pour une valse de Vienne, je suis sur la piste, au passage, je prends la main de Marie Antoinette ? Elle est tout sourire, sa grande robe blanche vole, elle danse merveilleusement bien, c'est un délice de légèreté et de sensualité. On dirait un papillon, ses ballerines font un bouquet de petit rat... Le glissement de ses pieds fait Nietzsche, Nietzchee, Nietzchteee... un, deux, trois... Strauss à l'envers, à l'endroit, les allongements et l'amplitude font des merveilles.

Mais ma joie est de courte durée, quand je bute à controverse dans les 'mousquetaires' empêtrés dans leur irréversible médiocrité à vouloir faire de la danse. Le premier assaut est évité, mais le second est plus âpre. Lui est dans une phase de doublement de la personnalité, et devient carrément audacieux.et agressif. Elle, sans intérêt sous son masque : une identité non remarquable.

Un... deux... trois... Strauss... Strauss... Strauss... semble dire mes pieds en frottant sur le parquet. Un... deux... trois, une forêt de jambes à l'unisson. Les regards perdus dans cette musique. Maintes fois, en tournant, notre couple formé de Marie Antoinette, la reine impopulaire et moi, hasard du destin croisent sur la piste, le regard des protagonistes d'une légende historique. '*Le collier de la Reine*'. Mais les mousquetaires sont là, incapables de faire une volte sans nous bousculer et perturber notre allant. Malgré tout, on glisse, on aéroglisse sur la piste. D'Artagnan et Pat, sont lourdauds et inattentifs aux autres couples. On s'infiltre à pas gaillards et rassurés dans cette masse gluante et agitée. Je sens maintenant des fourmillements dans les doigts de pieds. La gêne devient aiguë et le mousquetaire revient inconsciemment à la charge. Belphégor danse avec une tortue Ninja : c'est la romance Strauss... Strauss... Nietzsche, le bien, le mauvais, le mal, la morale, la notion de surhomme, tout est accelerando. L'histoire de France, Marie — Antoinette, la reine de la valse, les mousquetaires, tout est dans le mouvement. Et les choses vont très vite, la musique devient rapide. Une deux, trois, une, deux, trois...

Le Psycho Pat (D'Artagnan) est derrière ma partenaire, çà tourne vite. Le mal, le bien... Alors je tends mon pied gauche d'attaque bien droit tout en soutenant la reine. Je frappe du bout de la chaussure, je lui administre ma douleur : un coup magistral, un tacle sur la jambe d'appui, un croche-patte (Pat) à peine perceptible dans cette mêlée de souliers et de ballerines. Sans coup férir, à la hauteur de la botte entre l'astragale et le talon, *la botte de Nevers*, c'est l'estocade. Suite à l'assaut, j'ai le temps de déplacer ma reine d'un jour sur l'échiquier : elle n'a rien vu. Pat, j'y pense comme c'est drôle : c'est faire l'échec au roi et pas à la reine. Quelques pas, on s'écarte vivement. Je vois qu'il a repoussé Pat et qu'il s'écroule, emporté par son élan, la carcasse en avant sur la première table au bord de la piste avec un fracas de verres cassés et de hurlements des convives. Le chapeau et la cape en l'air. Il remue légèrement : il est vivant. On s'agite autour de lui. Le duel est terminé.

Je m'excuse rapidement auprès de Marie — Antoinette : révérences

– C'est à cause de Nietzsche et de Strauss ! Je lui crie en lui montrant mes chaussures et en la plaquant au milieu de la piste et en partant vers la sortie.

*Ainsi aurait parlé Zarathoustra...)*Strauss, Strauss, Strauss... Le bruit de mes pieds qui ne sont pas des ailes !

Les flonflons ont cessé, je suis dehors, je respire fort, je marche serein vers ma voiture. Il faut que la chute soit belle et elle l'est. J'ai changé de chaussures. J'ai l'impression d'avoir dansé sur les braises consumées d'un écobuage et cela soulage. Je reprends la route. Je croise l'ambulance des pompiers, gyrophare et sirène en marche. Je n'avais rien prémédité, rien calculé. Simplement l'envie de calmer en moi ce sentiment d'injustice. J'enlève mon nez rouge. Quand j'arrive à la maison devant la glace, je regarde les stigmates laissés par les élastiques du nez : je ressemble bizarrement à *l'homme qui rit*. Je comprends mieux ma douleur. Celle de mes pieds qui en cachait une autre plus profonde à l'intérieur de moi.

Quand j'appelle Pat le lendemain, elle me dit que c'est fini.
Çà, je le savais déjà ! Qu'elle va à l'hôpital voir un ami, toujours sur même le ton aussi laconique. — il a un péroné cassé, une rupture du talon d'Achille et le nez cassé (une chute).
Çà, je le sais aussi, sans les détails. Ce que je sais : qu'il m'est bien difficile de dire à ce moment-là, ce qui allait se passer ensuite. Une nouvelle fois, j'ai rangé mon *nez rouge* dans sa boîte et raccroché le chapeau.
Le printemps annonçait la réouverture des guinguettes…